WHAT HAS
GOVERNMENT
DONE TO OUR
MONEY ?

你不能不知道的通膨真相

貨幣簡史

莫瑞・羅斯巴德
Murray N. Rothbard

陳正芬、高翠霜——譯

經濟趨勢 44

貨幣簡史：你不能不知道的通膨真相

（原書名：你的錢，為什麼變薄了？）

作　　　者	莫瑞‧羅斯巴德（Murray N. Rothbard）
譯　　　者	陳正芬、高翠霜
封 面 設 計	兒日設計
責 任 編 輯	林博華
行 銷 業 務	劉順眾、顏宏紋、李君宜
總 編 輯	林博華
發 行 人	涂玉雲
出　　　版	經濟新潮社
	104台北市民生東路二段141號5樓
	電話：(02) 2500-7696　傳真：(02) 2500-1955
	經濟新潮社部落格：http://ecocite.pixnet.net
發　　　行	英屬蓋曼群島商家庭傳媒股份有限公司城邦分公司
	台北市中山區民生東路二段141號11樓
	客服服務專線：02-25007718；25007719
	24小時傳真專線：02-25001990；25001991
	服務時間：週一至週五上午09:30-12:00；下午13:30-17:00
	劃撥帳號：19863813；戶名：書虫股份有限公司
	讀者服務信箱：service@readingclub.com.tw
香港發行所	城邦（香港）出版集團有限公司
	香港灣仔駱克道193號東超商業中心1樓
	電話：852-2508 6231　傳真：852-2578 9337
	E-mail: hkcite@biznetvigator.com
馬新發行所	城邦（馬新）出版集團Cite (M) Sdn Bhd
	41, Jalan Radin Anum, Bandar Baru Sri Petaling,
	57000 Kuala Lumpur, Malaysia.
	電話：(603) 90578822　傳真：(603) 90576622
	E-mail: cite@cite.com.my
印　　　刷	一展彩色製版有限公司
初 版 一 刷	2010年8月25日
二 版 一 刷	2021年11月4日

城邦讀書花園
www.cite.com.tw

ISBN：978-626-95077-2-6　　　　　版權所有‧翻印必究

定價：350元　　　　　　　　　　Printed in Taiwan

〈出版緣起〉

我們在商業性、全球化的世界中生活

經濟新潮社編輯部

跨入二十一世紀，放眼這個世界，不能不感到這是「全球化」及「商業力量無遠弗屆」的時代。隨著資訊科技的進步、網路的普及，我們可以輕鬆地和認識或不認識的朋友交流；同時，企業巨人在我們日常生活中所扮演的角色，也是日益重要，甚至不可或缺。

在這樣的背景下，我們可以說，無論是企業或個人，都面臨了巨大的挑戰與無限的機會。

本著「以人為本位，在商業性、全球化的世界中生活」為宗旨，我們成立了「經濟新潮社」，以探索未來的經營管理、經濟趨勢、投資理財為目標，使讀者能更快掌握時代的脈動，抓住最新的趨勢，並在全球化的世界　，過更人性的生活。

之所以選擇「**經營管理─經濟趨勢─投資理財**」為主要目標，其實包含了我們的關注：「經營管理」是企業體（或非營利組織）的成長與永續之道；「投資理財」是個人的安身之道；而「經濟趨勢」則是會影響這兩者的變數。綜合來看，可以涵蓋我們所關注的「個人生活」和「組織生活」這兩個面向。

　　這也可以說明我們命名為「**經濟新潮**」的緣由──因為經濟狀況變化萬千，最終還是群眾心理的反映，離不開「人」的因素；這也是我們「以人為本位」的初衷。

　　手機廣告　有一句名言：「科技始終來自人性。」我們倒期待「商業始終來自人性」，並努力在往後的編輯與出版的過程中實踐。

誰來印鈔票？

黃春興

　　這本書寫得很簡潔，條理也很清晰，讀者只要按章節讀下去，並不需要導讀。再說，本書作者莫瑞‧羅斯巴德是二十世紀末奧地利經濟學派少數的代表人物，任何的「序言」都不免狗尾續貂。這難處，是我在答應寫這篇「書前文章」之後才嚐到的。既不能是導讀，也不宜是序言，那就只剩下「後言」的文體。後言擺在書後，並不是台灣出版界的風格。沒路可走，只好求突破，我就試著寫一篇擺在書前的「後言」。

　　有了多年的教學與研究經驗，我猜想讀者的疑惑大概是：「為什麼作者不去研究一套有效管理政府的理論，好讓政府在控制貨幣時無法循私護短？這樣，政府不再有流弊而百姓也坐收良好貨幣的益處，這樣不是雙贏？作者何必那麼偏

狹，緊咬著政府的缺點不放？」在傳統強調大政府的中華文化薰陶下，產生這類的質疑是很自然的。其實，這類觀點不僅是一般的文化反應，在經濟社會進入全球化而個人日益覺得自己渺小無助時，期待大有為政府或世界政府的心態也較上世紀末更為強烈。還有一種影響是來自學界對民主的過度信任，譬如書市中流行的公司統理（corporate governance）與政府統理等理論，大都在傳遞這樣的信念：不論是大公司或大政府，只要股東或人民能設計出一套健全的統理和控管機制，就能放手讓管理階層發揮競爭優勢。

　　是的。就國家而言，人們將管理大權轉讓給政府之後，並不會就放任掌權者恣意行事，而是會設計一套統理他們的制度，那可能是一些成文規則，也可能是某些監督委員會。專就本書所談的貨幣議題而言，如果社會上使用單一貨幣的交易成本遠低於使用多元貨幣，我們是可以將貨幣的發行與控制權轉讓給政府，只要能研究出一套有效地統理政府官員的制度。這期待已經發展成時潮，不僅幾位研究這方面的經濟學家獲得諾貝爾獎，也使得「資訊不完全」等相關問題的經濟研究成為大學的當紅課程。

　　羅斯巴德和他所宣傳的奧地利經濟學派並不反對上述觀點，能尋找出讓政府與百姓雙贏的制度原本就是經濟學家的

使命。但不能搞混了，政府和百姓的區分是錯的，因為政府的掌權者也是人，和百姓是一樣的。政府和百姓都是人，只要是人就存在人本質上的缺陷。在政治權力誘惑下，人本質上的缺陷就如同阿克頓爵士所說的「權力使人腐化」，也包括權力新貴常流露的傲慢。一旦開始腐化，貪污濫權循私護短等行為就會接連出現；一旦開始傲慢，監督調查的成本便會爬升。只要政府的效益依然高過這些成本，我們思考的方向就應該是如何去改善或改進統理政府的制度。在這方面，奧地利學派的海耶克和深受該學派影響的布坎南，都有不少的貢獻。

然而，他們在思考一些可以用來約束掌權者的制度後，也都明白地指出：任何約束性的制度最後仍需要靠人去執行，如果擁有最後執行權力的不是公正又全能的上帝，如果他們依舊是人，就會同樣存在人本質上的缺陷。西方在這方面的傳統智慧是：最好交給上帝或上帝所訂的制度來運作，否則就盡可能地將執行權力分散到不同的監督者去。

如果找不到上帝所訂的制度，那麼整個政府與人民之關係的推論又會回到原點：因為權力最分散的制度是市場，能避免上述困境的唯一出口也是市場。可是，市場也是人或人的行為的聚集，處處都可見到人本質上的另一類缺陷：自私

、短視、和虛偽。絲毫不令人驚訝，正直和公義的人們會挺身而出批評市場的種種缺失，並宣揚以政府機能去矯正市場的缺失；不久，當人們發現正直和公義的人們也不斷展現人本質上的缺陷後，自由主義者開始護衛市場與交易的自由，不讓腐敗的政府毀了人們的生機。這是一場永無止息的政治經濟學的爭議。

　　這個爭議能否有解？奧地利學派的經濟學者會說：只要人繼續充當上帝，困擾人類歷史的老問題就會繼續下去。由於市場或政府都是人和人的行為的聚集，羅斯巴德在第二章「私人鑄幣」的章節中就提到：「如果人民不相信政府能把錢幣自由市場中的歹徒繩之以法，那麼當政府擁有對貨幣的完全掌控權，而且能變造錢幣、偽造錢幣、或者以市場上的歹徒之姿，行全面性的合法制裁行為時，人民又如何能信賴政府？若是認為政府必須把一切財產收歸公有，以防止任何人偷竊財產，那當然是無稽之談，殊不知在剝奪私人鑄幣權利背後的，卻是同一套理論。」既然問題在於人本質的缺陷，有效的答案就是不要繞著市場或政府打轉。作者認為人本質的缺陷，表現在市場是偽幣，表現在政府是通貨膨脹。我們不必面對這些痛苦的選擇，而是直接請「上帝」來當最後的仲裁者，以祂發行和控制的黃金做為貨幣。這樣，偽幣和

通貨膨脹的弊端都會降到最低。

奧地利經濟學把貨幣看成是一種制度，是「上帝」所設計的制度，而金本位是其中一種，它不是市場，也不是政府。人們應該信任「上帝」發行的黃金，不要信任任何的人所發行的貨幣。羅斯巴德認為只有重量不是來自人的信任，本來的美元或英鎊或法郎在政府未介入前也是以重量單位，但成了法定單位之後就不再是重量單位，也就不再可信任了。

本書專注討論貨幣，讀者一定會說貨幣只是一個特例，因為貨幣有「上帝」發行的黃金可用。但貨幣之外，諸如教育或郵政等，若不存在上帝的發行物時，羅斯巴德會作何種選擇？在政府與市場之間，他會如何選擇？直覺上，讀者一定會猜他將會選擇市場。是的。他在第二章談貨幣的演變過程中說到：「經過好幾世紀，金和銀取代其他商品，成為自由競爭市場中的貨幣，兩者都有獨特的市場性……。無論如何，自由市場發現金和銀是兩種最有效率的貨幣，而這才是重點所在。」當我們問到市場與政府的選擇時，不就像在金和銀兩種貨幣中挑一種出來嗎？羅斯巴德的回答是兩者各有特色，金可用於大量交易，銀可用於小額交易。在使用金和銀之前，人們用過「維吉尼亞的菸草、西印度的糖、阿比西尼亞的鹽……」，但這些都遠不如金或銀好。所以他說，貨

幣問題並不是挑選哪一種，重點是「怎樣發現」金和銀是兩種最有效率的貨幣？

這個答案是「自由市場」。換句話說，即使金或銀可能是一時上選，但也只是一時，我們還期待未來有更好的貨幣出現。這就是奧地利經濟學派傾向市場而反對政府的基本論點。由於市場和政府也都有缺失，不容易比較優劣，即使一時之間有哪一邊佔上風，但未來可能還有更好的制度會出現，我們必須讓這更好的制度有出現的機會。明顯地，如果勝敗是交由政府來判定，政府很可能在權力的行使下壓制未來的更好制度。相對地，若交由市場決定，由於每個人都很微小，壓制的可能性就很小。羅斯巴德不把這種「每個人都很微小而讓市場決定未來演進」的過程看成是人的行動，而看成是「上帝」的設計。他相信這是唯一可以跳脫人本質之缺陷的制度。

（本文作者為國立清華大學經濟系副教授）

目　次

米塞斯研究院要感謝
下列贊助人，
由於他們的慷慨
使得這本書得以出版：

O. P. Alford, III
Burton S. Blumert
Dr. William A. Dunn
Robert D. Kephart
Victor Niederhoffer

第五版序

　　長久以來大家都說，如今已沒有那種通曉各種知識的學者。沒有那種極聰明的才智之士，可以發展出龐大的思想體系，並生產出跨幾種知識領域的高品質作品。我們聽到的是，對於這類的思想家，是既沒有供給，也沒有需求。

　　莫瑞・羅斯巴德（Murray Newton Rothbard, 1926-1995）的人生及其著作，證明了上述規則是錯誤的。他自己有超過二十本的著作，並在數以千計的書籍和雜誌上發表過文章，顯示出他作為經濟學家、歷史學家、政治哲學家以及文化評論家，是無人能及的。其思想持續不墜的影響力量，使得我們現在必須去閱讀研究並向他學習。

　　作為一位經濟學家，羅斯巴德代表的是奧地利學派（Austrian School）的傳統，該學派緣起於孟格（Carl Menger），後來由龐巴維克（Eugen von Bohm-Bawerk）及米塞斯（

Ludwig von Mises）發揚光大。羅斯巴德在獨占理論、生產
、貨幣、福利理論及許多其他領域有很重要的貢獻。他的論
著《人、經濟與國家》（*Man, Economy, and State*）巧妙綜合
了他比較新的論述與先前既有的理論[1]。

　作為一位政治哲學家，羅斯巴德指出，私有財產權可以當
作是廣泛的政治倫理的基礎，這個主張為人類的自由權理論提
供了新的根基——自由權的倫理學（the ethics of liberty）[2]。
這項自由權倫理學的基礎有很廣泛的應用，即便在那些傳統
上認為不適合私人部門經營的領域亦然。羅斯巴德的主張很
有說服力，他認為自由社會需要法律及秩序，而不是國家。
警察及法庭服務，可以且應該是私人的，可由協會或公司來
提供這些服務，以基於契約的市場經濟方式來營運。

　作為一位歷史學家，羅斯巴德重新闡述美國的貨幣及金

---

[1] *Man, Economy, and State: A Treatise on Economic Principles*, 2 vols.
(Princeton, N.J.: D. Van Nostrand, 1962; Los Angeles: Nash Publishing,
1970; New York: New York University Press, 1979; Auburn, Ala.: Ludwig
von Mises Institute, 1993; combined with *Power and Market* to form the
Scholar's Edition, Auburn, Ala.: Ludwig von Mises Institute, 2004).

[2] *The Ethics of Liberty* (Atlantic Highlands, N.J.: Humanities Press, 1982;
1998 年重新出版由漢斯－何曼・霍普〔Hans-Hermann Hoppe〕寫新
序的版本〔New York: New York University Press, 1998〕).

融歷史[3]，最引人注目的是關於大蕭條（the Great Depression）[4]
的部分，他是從殖民時代（Colonial Era）[5]開始論述美國歷
史。

他對於官僚制度起源的論述，採用新的歷史研究方法，
以了解現代國家的創造與成長背後的意識形態動力[6]。甚至
在他過世後，他仍出色地重建了經濟思想史，展現出他對觀
念沿革的掌握[7]；這兩冊力著是在他過世的那年出版，贏得
了國際讚譽。

在羅斯巴德的人生中，他對這許多領域特殊的貢獻，一

---

[3] *A History of Money and Banking in the United States: The Colonial Era
to World War II*, 由沙勒諾（Joseph T. Salerno）寫序(Auburn, Ala.:
Ludwig von Mises Institute, 2002).

[4] *America's Great Depression* (Princeton, N.J.: D. Van Nostrand, 1963; 2nd
ed., Los Angeles: Nash Publishing, 1972; rev. ed., New York: New York
University Press, 1975; New York: Richardson and Snyder, 1983; 5th ed.,
由保羅‧強森 (Paul Johnson) 寫序〔Auburn, Ala. Ludwig von Mises
Institute, 2000〕).

[5] *Conceived in Liberty* (New Rochelle, N.Y.: Arlington House, 1975, 1976,
1979; Auburn, Ala.: Ludwig von Mises Institute, 1999).

[6] "Bureaucracy and the Civil Service in the United States," *Journal of
Libertarian Studies* 11, no.2 (Summer 1995): 3-75.

[7] *An Austrian Perspective on the History of Thought*, 2 vols. (Brookfield,
Vt.: Edward Elgar, 1999).

直到很晚才獲得普遍的認同。這位紐約的在地人在美國菁英
大學中並未擁有尊榮的職位。他對於理論、歷史及政策方面
不同於主流的觀點，一直未能獲得應得的諾貝爾經濟學獎。直
到他59歲那年，才在一所大學中獲得一席教職（內華達大學
拉斯維加斯分校），在他人生的最後10年，一直任教於該校。

　　羅斯巴德成功獲得國際聲譽及其理念吸引了眾多追隨者
，並不是因為他的地位、職位或是財富，而完全是因為他的
論述的力量。在1995年他68歲辭世之時，他的許多著作已
經出現了外國譯本。在《自由人主義研究期刊》（*Journal of
Libertarian Studies*）、《奧地利經濟學季刊》（*Quarterly
Journal of Austrian Economics*）及《人文研究經濟學人期刊》
（*Journal des Economistes Etudes Humaines*）都對羅斯巴德的貢
獻做了專題特刊。甚且還有一整本稱頌他的書出版：《莫瑞・
羅斯巴德紀念集》（*Murray N. Rothbard: In Memoriam*）[8]。

　　1997年，羅斯巴德最重要的一些文章集結出版在極負盛
名的《世紀經濟學家》（*Economists of the Century*）系列中，
由思想史學者馬克・布勞格（Mark Blaug）[9]教授負責編輯。

---

[8]　Auburn, Ala.: Ludwig von Mises Institute, 1996.

[9]　*The Logic of Action One and Two* (Cheltenham, U.K.: Edward Elgar, 1997)

而在羅斯巴德死後，學術上對其著作的引用則是愈來愈多[10]。

他從1990年代起的政治評論及社會評論，被集結在一本單冊中[11]；他在經濟學上的主要論著（連同其原始結論）的學術版已經出現了[12]；而其傳記也已出版[13]。

羅斯巴德的書，維持著古典傳統學者的特色。這些書中使用清晰明確的文字，陳述論點的步調及條理堅定，聚焦在中心議題上，並以相關文獻上的廣泛知識探討所有的問題。

《貨幣簡史》一書是羅斯巴德展現其創造力的一個好例子。自從它於1963年初次出版後，已經被翻譯成許多不同的語言。對所有的讀者來說，這是一本貨幣理論的入門書。事實上，這可能是目前最傑出的一本貨幣理論的初階讀本，既呈現出貨幣理論的基礎，同時也探討國家在貨幣體系敗壞過

---

10 "The Unstoppable Rothbard," Mises.org: http://www.mises.org/story/1708.

11 *The Irrepressible Rothbard: The Rothbard-Rockwell Report Essays of Murray N. Rothbard*, Llewellyn H. Rockwell, Jr., ed. (Burlingame, Calif.: Center for Libertarian Studies, 2000).

12 *Man, Economy, and State with Power and Market* (Auburn, Ala.: Ludwig von Mises Institute, 2004).

13 Justin Raimondo, *An Enemy of the State: The Life of Murray N. Rothbard* (Amherst, N.Y.: Prometheus Books, 2000).

程中所扮演的角色。這本書不只適合經濟學家閱讀，也適合
非學術界的讀者，以及所有對這主題有興趣的人。它和羅斯
巴德所有的作品一樣，是歷久彌新且鏗鏘有力的論述。它帶
給讀者全新的思考方式，來看待貨幣與國家之間的關係。

在書中，自由貨幣制度的要素及功能簡潔清晰地呈現出
來。羅斯巴德告訴我們，金和銀在不受阻礙的市場中，如何
當作貨幣使用，以及被當作貨幣使用的原因。貨幣的起源不
是來自社會契約，也不是政府的命令規定，而是對於「以物
易物」（barter）相關的問題和成本所產生的市場解決方案。
一般認為應由國家來執行的貨幣任務——從鑄幣到定義貨幣
單位以及貨幣的具體形式——在不受阻礙的市場上則是留給
私人企業家來完成。

在這樣的場景中，國家的位置在哪裏呢？國家不是必須
要護衛我們的貨幣嗎？國家不是必須要調節貨幣的供給與需
求及監督銀行嗎？羅斯巴德對這些疑問的答案是很明確的否
定。政府干預完全不能保衛貨幣，反而會危害貨幣的健全。
政府干預所導致的濫用和不穩定性，將會大於自由市場所承
受的。干預不能解決問題，而是在創造問題。干預帶來的不
是秩序，而是混亂與經濟動盪。

　　對羅斯巴德而言，中心議題不是貨幣政策到底是該穩定物價還是穩定貨幣供給；而是政府是否應在貨幣體系中軋上一角。對這個問題，羅斯巴德的答案絕對是否定的──政府根本不要參與。將貨幣託付給國家是個嚴重的錯誤。這會開啟了集權控制的大門，社會將受到與國家機器緊密關聯的利益團體所控制。後果是經濟與貨幣的災難，以及貨幣購買力不斷下降。羅斯巴德以西方國家貨幣崩潰的一段歷史，令人印象深刻地說明了這一點。

　　羅斯巴德對於貨幣制度走向崩潰的敘述，是以不列敦森林（Bretton Woods）協議的崩潰作結尾，並預測未來將有不斷的匯率波動、債務累積、通貨膨脹、經濟危機、緊急紓困，以及政治力介入以遂行貨幣與信用的集中控制。這個預測成為過去四分之一個世紀所發生的貨幣事件最佳的總結寫照[14]。世界經濟實質上採取美元本位，而歐洲則有受控制的貨幣整合，亞洲、俄羅斯、墨西哥及中南美洲的金融危機則是一個接一個，再加上美國的赤字與債務不斷增加。無可置疑地，還有更多的危機即將到來。

---

[14] 後續事件的評論請見莫瑞・羅斯巴德所著的 *Making Economic Sense* (Auburn, Ala.: Ludwig von Mises Institute, 1995), pp. 253-301.

這個新版本，包括一個百分之百金本位的詳細改革方案、這是在1962 年發表的一篇論文，與《人、經濟與國家》同一年出版，而《貨幣簡史》則是在其兩年後出版。這是在金本位被廢止的十年前所寫的，但並不減損其作為改革方案的力量。

羅斯巴德的計畫可行嗎？當然可以。它的限制不是因為經濟上的可行性，而是因為那股讓所有積極主張自由的方案都無法付諸執行的力量：政治壁壘以及意識形態上的反對者。如果純粹自由權的條件成熟了——對此羅斯巴德抱持樂觀看法——這篇論文將能作為一份極佳的藍圖。

今日所有的國家都面對一項抉擇：要選擇健全的貨幣還是持續讓貨幣貶值（亦即貨幣危機）。羅斯巴德告訴世人，健全的貨幣需要將國家與貨幣嚴格劃分。羅斯巴德已經證明，這個世界的自由派是可以擁抱一個常被說成是不可能的理想——一種可以保護我們免受國家獨斷獨行的國際貨幣。他的分析在現今的環境下，比起當初寫論文時，應該受到更大的關注。

喬格・基多・胡爾斯曼（Jorg Guido Hulsmann）

法國昂傑市（Angers）

2005 年4 月

第 1 章

前言

　　極少經濟主題比「貨幣」更糾纏不清、更令人摸不著頭緒。舉凡「緊縮貨幣政策」相對「寬鬆貨幣政策」、聯邦準備體系相對於財政部的角色，以及各個不同版本的黃金本位等，辯論之聲不絕於耳。政府究竟該把銀根注入經濟體系，還是抽銀根？由政府的哪個機構來做？政府該鼓勵貸款，還是加以約制？該回歸黃金本位嗎？如果是，以什麼比率？無數的問題愈滾愈大、沒完沒了。

　　貨幣問題的各種歧見，或許是源自人類的「務實」傾向──只想研究跟自己切身相關的政治經濟問題。但是，如果讓自己完全沉浸在日常瑣事，不再探究根本的差別，也不再問些真正基礎的問題，久而久之，基本問題就會被遺忘，而漫無目標地隨波逐流將取代了對原則的堅持。人們往往有必要取得某些觀點，跳脫日常事務，以便獲得更完整的理解，對於經濟體制尤為如此，體制中的交互關係是如此錯綜複雜，以致必須將幾個重要因素孤立出來並加以分析，而後追蹤它們在複雜世界中的運作情形。以上是「魯濱遜經濟學」的重點，也是最受古典經濟理論喜愛的情節，儘管許多評論家認為，分析孤島上的魯濱遜和星期五的經濟行為，實在與現實世界脫節，但它其實有個極有用的功能：突顯出人類行為的基本原理。

　　在所有經濟問題中，貨幣可能是最糾纏不清，也是最需要採取某種觀點的。此外，貨幣這個經濟領域，覆蓋交織著數百年來最多的政府干預，許多致力研究自由市場的經濟學家，卻刻意略過貨幣，堅稱貨幣不一樣，一定要由政府供給、受政府約束。他們從不認為國家管制貨幣形同干預自由市場，貨幣的自由市場是他們無從想像的，政府必須鑄幣、發行紙鈔、界定何謂「法定貨幣」（legal tender，譯註：法律賦予在一國境內有強制流通能力的貨幣）、創造中央銀行、調控貨幣供給、「穩定物價」等。

　　由歷史觀之，貨幣是政府最先控制的事物之一，十八、十九世紀的自由市場「革命」，對於貨幣少有著墨。因此，現在是回歸基本面，來到「貨幣」這個經濟體系命脈的時候了。

　　讓我們先問自己：貨幣能在自由的原則下被組織或安排嗎？我們能夠擁有如財貨、勞務一般的貨幣自由市場嗎？這麼一個市場會是什麼樣子？各式各樣的政府控制會造成哪些效果？如果我們偏好其他方向的自由市場，希望消除政府對個人和財產的侵犯行為，當務之急就是：去探索貨幣的自由市場有哪些做法與手段。

第 2 章

自由社會中
的貨幣

一、交換的價值

錢從哪 來？魯濱遜顯然不需要錢，他可吞不下金幣。魯濱遜用魚換取「星期五」的木材時也無須為錢傷神，可是當社會上不光只有幾戶人家時，錢就派上用場了。

為了解釋錢的角色，我們得退一大步，問道：人究竟為何交換？交換是人類經濟生活的基石，沒有交換，將沒有真正的經濟制度，也不會有社會。自願交換之所以發生，是因為雙方期望從中獲益，A和B協議將各自的財貨或勞務轉給對方，如此就形成交換。雙方顯然都獲益，因為每個人對換來的財貨或勞務，評價都比所付出的更高。當魯濱遜用幾條魚換取木材時，他認為「買來」的木材，比「賣出」的魚更有價值；星期五的想法則恰好相反。從亞里斯多德乃至馬克思，人類誤以為「交換」代表某種價值均等性，換言之，如果用一籃子魚換十根木材，表示魚和木材之間存在某種均等性（equality）。其實交換之所以成立，只是因為兩種東西在兩造心中的地位不同罷了。

為何「交換」在人類之間竟如此普遍？基本上是因為自然界的多樣性（variety），包括人類的多樣性，加上自然資源

散處各地的緣故。每個人有不同的技能和性向,每塊土地有各自的特色和特有資源,交換就從這種自然界的外部多樣性而來。堪薩斯用小麥換取明尼蘇達的鐵礦,某人提供醫藥服務來換取另一人的小提琴演奏,「各司其職」讓人人發展自己最棒的技能,並促使各地區開發其特有資源。如果不能交換,如果每個人被迫要自給自足,多數人想必只有餓死的份,活下來的也不好過。「交換」是生命的活水,不僅對經濟是如此,對文明本身也是。

二、以物易物

話說回來,直接交換(direct exchange)有用的財貨和勞務,幾乎不足以使經濟制度從原始層次開始提升。這類直接交換(或以物易物〔barter〕)比純粹的自給自足好不到哪去,原因何在?首先,想也知道,直接交換幾乎不足以讓生產持續,如果瓊斯雇幾名工人蓋房子,他要付給他們什麼呢?是房子的一部分,還是他們用不上的建材?問題出在「不可分割性」和「碰不上自己想要的東西」。所以說,假如史密斯想用犁換幾樣不同的東西,像是雞蛋、麵包和一套衣服,那麼他該怎麼做呢?他如何把犁大卸八塊,將其中一部分交給農夫,剩下的給裁縫?就算東西可以分割,也不太可能

讓交換雙方同時找到彼此，假設Ａ想賣一堆雞蛋，而Ｂ有一雙鞋，如果Ａ要的是衣服，怎麼可以硬是把兩人湊合起來呢？再想想某位教經濟的老師，要找到一位想用雞蛋換取幾堂經濟學課程的蛋農，會是多困難的事！由此可知，直接交換是不可能造就任何經濟文明的。

三、間接交換

儘管如此，人類在嘗試錯誤的過程中，發現間接交換是大幅擴充經濟的途徑，在間接交換的機制下，你把東西賣掉後，換來的並非立即所需，你得將它賣掉才能得到真正想要的。這種做法乍看之下既「拙」又拐彎抹角，實際上卻是個妙招，讓文明得以發展。

農民Ａ想買Ｂ製作的鞋子，他發現Ｂ想要的不是蛋而是奶油，於是Ａ先用雞蛋跟Ｃ換奶油，再把奶油賣給Ｂ來換鞋子。換言之，他先買奶油並非因為他自己想要，而是想用奶油換鞋子。類似地，擁有犁的史密斯願意賣掉犁，來換取一樣更容易分割並出售的商品（比如奶油），然後用部分奶油換取雞蛋、麵包、衣服等。在這兩個案例中，奶油的優勢在於較高的市場性（marketability），這也是一般人除了單純消

費外，對奶油還有超額需求的原因。如果某樣貨品較具「市場性」，換言之，如果大家都認為奶油比較好賣，那麼奶油的需求量會因為可做為交換媒介（medium of exchange）而變大，於是某專業人士便可透過這個媒介，用自己的產品換取其他專業人士的貨品。

今日世界存在著各種技能和資源，貨品的市場性也形形色色，有些貨品的需求量較大，有些較容易被分割成小單位而無損其價值，有些比較耐久，有些便於長途搬運，總之所有優點都有助提高市場性。無論在哪個社會，最有市場性的貨品會逐漸被選為交換媒介，一旦有愈來愈多人選作媒介，其需求量便水漲船高，進一步提升它們的市場性。結果變成良性循環：較高的市場性使更多人以它們為媒介，於是進一步提高其市場性，就這樣循環下去。到最後，一、兩樣商品被當成通用媒介，幾乎所有交換行為都派得上用場，而這些商品就叫做「錢」。

自古以來，許多不同財貨都曾被當作媒介，像是殖民時代維吉尼亞州的菸草、西印度的糖、阿比西尼亞（Abyssinia）的鹽、古希臘的牛群、蘇格蘭的釘子、古埃及的銅，還有穀物、串珠、茶、瑪瑙貝殼和魚鉤等。經過好幾世紀，金和銀取代其他商品，成為自由競爭市場中的貨幣，兩者都有獨特

的市場性，是需求量很大的飾品，而且具備其他商品所無的必要特質。近來銀比金更充沛，多半用在較小額的交換，金則用於較大額交易。無論如何，自由市場發現「金」和「銀」是兩種最有效率的貨幣，而這才是重點所在。

交換媒介在自由市場中的漸次發展，是確立貨幣地位的不二方式。貨幣的創造方式無他，不是大夥兒突然決定把沒用的金屬拿來當錢就是錢，也不是政府管幾張紙叫「錢」就算數，因為人們對貨幣的需求，其背後必定蘊含著對之前的貨幣價格的理解。和被消費者直接使用或生產者生產的貨品相比，貨幣一定要有一個已存在的價格，好讓需求有所本。然而貨幣的價格只能從物物交換某個有用商品開始，然後將原先對直接使用的需求（以金為例即做為首飾）[1]，加上對其做為交換媒介的需求而得到。因此，政府無權為經濟體系創造貨幣，貨幣的發展只能透過自由市場的運作。

現在我們的討論中，出現有關「錢」的最重要事實是：

---

[1] 關於貨幣的起源，參考卡爾‧孟格（Carl Menger）的《經濟學原理》（*Principles of Economics*, Glencoe, Ill.: Free Press, 1950），pp. 257-71；米塞斯（Ludwig von Mises）的《貨幣與信用理論》（*Theory of Money and Credit*, 3rd ed. New Haven: Yale University Press, 1951），pp. 97-123。

錢是一種商品。了解這個簡單道理，是全世界最重要的課題之一，人們對「錢」的看法往往不是太過就是不及。錢不是可以和實體商品分離的抽象的記帳單位；錢除了用來交換外並非一無是處；錢不是「社會地位的宣示」，也不保證價格固定不變。錢只是一種商品，不同的是人們主要用它做為交換媒介，撇開這些，錢依舊是商品，而且如所有商品般具有某個存量，人們為了消費和持有的原因而需要錢，錢和所有商品一樣，其「價格」（從其他貨品的角度而言）取決於它的總供給或存量，與人們購買和持有的總需求之間的互動。（人們出售財貨和勞務來「買」錢，一如把錢「賣掉」來買財貨和勞務。）

四、貨幣的好處

　　貨幣可說是人類的恩賜，少了它等於是少了交換的一般媒介，可能就沒有真正的專業化（specialization），經濟也無法從貧乏原始的層次提升起來。有了貨幣後，困擾著物物交換社會的「不可分割性」和「碰不上自己想要的東西」等問題盡皆消失。如今瓊斯可以付「錢」給工人；史密斯可以賣掉犁來換取某個數量的「錢」。貨幣商品可以被分割成小單位，且通常被大家所接受，於是人們出售各種財貨勞務以換

取金錢，再用錢買自己想要的財貨和勞務。由於有了金錢，於是一種精緻的「生產結構」得以形成，加上土地、勞力和資本財在各階段一起促進生產並賺取金錢。

貨幣制度的建立還有另一項好處。由於所有交換都以貨幣為之，所有交換比率也以貨幣表達，於是現在的人可以比較每種財貨的市場價值。如果一台電視要三盎司黃金、一輛車要六十盎司黃金才換得到，則每個人都明白一輛車的市場價值相當於二十台電視機。這些交換比率就是價格，商品貨幣則是所有價格的公分母。唯有在市場上建立貨幣價格，經濟文明才有發展空間，因為這個貨幣價格讓商人得以從經濟的角度計算得失。現在的商人，只要檢視自家產品的售價相較於支付給生產因素的價格（亦即「成本」），就可以判斷自己滿足消費者需求的程度；由於這些價格全都以貨幣表達，因此商人可以判定自己是賺是賠。當商人、勞工和地主在市場上尋求貨幣收入時，類似的計算方式將提供指引，唯有如此，才可以將資源配置到最有生產力的用途，以及最能滿足消費者需求的用途上。

很多教科書說，貨幣具備交換媒介、記帳單位，或「價值的衡量」、「價值的儲存」等多種功能，但是要澄清的是，以上這些功能，只不過是「交換的媒介」這個偉大功能所產

生的必然結果。由於黃金是通用媒介，因此它最具市場性、能被儲存以做為未來和目前的媒介，而且所有的價格都以黃金表達[2]。此外，由於黃金是所有交換的商品媒介，因此能做為目前和未來價格的記帳單位。重點是要了解，貨幣不能成為記帳或債權的抽象單位，除非它做為交換的媒介。

五、貨幣單位

了解貨幣的起源及其用途後，我們或許會問：如何使用商品貨幣？說得明確些，社會上的貨幣存量或供給為何，以及如何交換貨幣？

首先，大多數有形的實體財貨都以重量交易，重量是有形商品的獨特單位，人們以噸、磅、盎司、喱、公克等[3]單位進行交易，黃金也像其他商品一樣，以重量為單位進行買賣[4]。

---

2 貨幣並不「衡量」價格或價值，而是表達價格或價值時所用的公分母。簡單地說，貨幣表達價格，而非衡量價格。

3 即使名義上以數量（捆、蒲式耳等）為交換基準的財貨，也預設了一個每單位數量的標準。

4 黃金做為貨幣的基本特質之一在於同質性，不同於許多其他商品的是，黃金的品質沒有差別。一盎司純金在世界各地都一樣。

　　交易時選擇的共同單位究竟是大是小，對經濟學家而言顯然沒有差別。使用公制的國家，或許偏好用公克計算，英國或美國則用喱或盎司計算。所有重量單位都可以換算，一磅等於16盎司，一盎司等於437.5喱或28.35公克等。

　　假設選擇了黃金為貨幣，那麼估算時使用的單位大小，對我們來說就無關緊要了。瓊斯在美國賣出一件外套來換取一盎司黃金，到了法國就等於28.35公克的黃金，而兩個價格是完全一樣的。

　　這一切或許看似多此一舉，但只要充分了解這些簡單事實，就可以避免世上許多慘劇發生。舉例來說，幾乎每個人都把貨幣當作某種抽象單位，每種單位都以特有方式附著在某個國家，即便「黃金本位」國家的人民依舊有這種想法。美國的貨幣叫做「美元」，法國是「法郎」，德國叫「馬克」等，這些國家都公認和黃金相連結，但也都被視為獨立自主的貨幣，因此「取消黃金本位」並非難事。然而，所有這些名稱只是基於其相對於金或銀的重量多寡而來的。

　　英國的「英鎊」最初代表一磅的銀。那美元呢？美元一開始是一盎司銀子的通稱，是由一位名叫施立克（Schlick）的波西米亞伯爵於十六世紀創造。施立克伯爵住在又名賈奇

姆斯塔（Joachimsthal）的賈奇姆之谷（Joachim's Valley），他所鑄造的硬幣因為整齊畫一與純度而贏得令譽，後來被廣大群眾稱為「賈奇姆之塔勒」，最後被稱為「塔勒」（thaler）。所以「美元」（dollar）來自「塔勒」。

所以說，自由市場上的各種單位名稱，只是重量單位的定義罷了。人們在1933年以前的「黃金本位」時，常說「黃金價格」是「固定在每盎司黃金二十美元」。不過，如此看待我們的貨幣有誤導之虞，其實是，「美元」被定義為（大約）二十分之一盎司的黃金。因此，談論某國和另一國之間的「匯率」，也會造成誤導。「英鎊」並不真的能「換成」五「美元」[5]。美元被定義為二十分之一盎司黃金，而當時的「英鎊」則是四分之一盎司黃金的名稱，等於能換取一盎司黃金的二十分之五。顯然，類似的交換行為與名稱的混亂不僅令人困惑，也造成誤導，我們在「插手管錢的政府」章節中將細說從頭。黃金在純粹的自由市場中，只是以「公克」、喱或盎司被直接交換，至於令人困惑的美元、法郎等則是多餘的。在這節中，我們將把貨幣視為能以盎司或公克直接交換的商品。

5　其實，一英鎊應該換算成4.87美元，但此處為了方便起見，故以5美元換算。（編按：此為成書當時的滙率）

　　顯然地，自由市場將選擇一個對商品貨幣來說最為方便的單位做為共同單位，倘若以白金（platinum）為貨幣，則可能用一盎司的一小部分來買賣，如果以鐵為貨幣，就以磅或噸來估算。對經濟學家而言，單位的大小顯然不是問題。

六、貨幣的形狀

　　如果貨幣單位的大小或名稱，對經濟學家來說幾乎沒有差別，那麼貨幣的金屬形狀也是如此。既然我們是以金屬商品做為貨幣，只要能被人們取得，則所有金屬的存量，就構成全世界貨幣的存量。事實上，任何金屬在任何時間的形狀，並不構成實質的差異，如果以鐵為貨幣，則所有的鐵都是貨幣，哪怕是鐵條、鐵塊，或以特殊機械[6]形式呈現。黃金一直以條塊的原始形式被買賣，或是裝在布袋的金粉，甚至是珠寶的形式。由於「重量」才是重要特徵，因此黃金或其他貨幣能以多種形式交易，應該不令人意外。

　　然而，某些形狀確實比較方便。在近幾個世紀，金和銀一直被細分成硬幣供日常小額交易，同時被分成較大的條塊

---

6 鐵鋤曾在亞非兩洲被普遍當作貨幣使用。

供較大額交易,其他黃金則被轉變成珠寶等首飾。如今從任一種形狀轉變成另一種,將花上時間、力氣和其他資源,做這種事跟任何事業一樣,其服務價格的訂定係根據一般商業原則。多數人都會同意,珠寶商用生金製造首飾是合法的,但是用黃金製造硬幣是非法的。儘管如此,在一個自由市場中,鑄幣行為本質上與其他商業行為無異。

在黃金本位的年代,很多人相信,錢幣無論如何都比尚未鑄成錢幣的普通純金(以條狀、錠狀或其他任何形狀)更「真實」,但這並非因為錢幣具有神祕價值的特性,而是因為用黃金條塊製造錢幣的成本,高於將錢幣熔化還原成黃金條塊的成本。基於這個差別,因此錢幣在市場上就比較有價值。

七、私人鑄幣

私人鑄幣的觀念,在今天似乎是奇怪到值得審慎研究的地步。人們習慣把鑄幣行為看成是「主權之必需」,然而,我們畢竟並非執著於「君權」,而且主權在民、不在政府的概念,正是來自美國。

私人鑄幣要如何運作?我們同樣可以說,鑄幣就跟任何

事業一樣。每一個鑄幣者生產最討顧客喜歡的錢幣大小或形狀，其價格經市場的自由競爭後訂定。

　　典型的反對意見是，若每一筆交易都要去衡量黃金的重量或純度，將會煩不勝煩。可是有什麼方法能防止私人鑄幣者自己去用模子鑄造錢幣，並保證它的重量和純度呢？私人鑄幣者可以保證造出來的錢幣至少跟政府造的一樣好，只要有一些磨損就不合格。人們將願意使用品質享有盛名的鑄幣者所鑄出的錢幣，我們也了解這正是「美元」異軍突起，成為銀幣勁敵的原因。

　　反對私人鑄幣的人，指控這麼做將造成詐欺猖獗。然而同一批反對者卻信賴政府鑄幣。但如果政府完全值得信賴，則人民至少相信政府能防止或懲罰私人鑄幣的詐欺行為。一般人通常假設防止或懲罰詐欺、偷竊等罪行，才能表現政府真正的正當性。但若當社會仰賴私人鑄幣，而政府又無力逮捕罪犯的話，那麼，捨棄市場上正直誠實的私人鑄幣者，轉而投向政府壟斷的鑄幣，又有何希望可言？如果人民不相信政府能把錢幣自由市場中的歹徒繩之以法，那麼當政府擁有對貨幣的完全掌控權，而且能變造錢幣、偽造錢幣、或者以市場上的歹徒之姿，行全面性的合法制裁行為時，人民又如何能信賴政府？若是認為政府必須把一切財產收歸公有，以

防止任何人偷竊財產，那當然是無稽之談，殊不知在剝奪私
人鑄幣權利背後的，卻是同一套理論。

此外，現代所有事業都建立在「保證合乎標準」上，藥
局販賣八盎司一瓶的藥，肉品包裝商賣一磅牛肉。買方期望
這些保證會是精確的，而它們也的確如此。再想想有成千上
萬專業且必需的工業產品，必須符合非常狹隘的標準和規格
，購買 1/2 吋螺絲的人，拿到的一定要是 1/2 吋，不可以是
3/8 吋。

儘管如此，商業行為還是持續進行。少數人建議政府將
機器工具的產業收歸國有，以防標準受到舞弊影響。現代市
場經濟包含著無數糾纏不清的交換行為，且多半根據質與量
的明確標準，但舞弊究竟是少之又少，而那一點點舞弊行為
，至少理論上是可以被起訴的，如果私人鑄幣存在的話，情
形也是如此，我們可以確定鑄幣者的顧客和競爭對手，對於
錢幣在重量和成色上的任何可能的詐欺行為，將會警覺再三
[7]。

支持政府壟斷鑄幣的人，宣稱貨幣不同於其他的商品，

---

[7] 見赫伯・史賓塞（Herbert Spencer）的《社會靜力學》（*Social Statics*,
New York: D. Appleton & Co., 1890），p. 438。

原因是「格雷欣法則」（Gresham's Law）證實「劣幣驅逐良幣」，因此人民不能信賴自由市場能為大眾提供良幣。可是這種冠冕堂皇的說詞，卻建立在對格雷欣法則的錯誤詮釋上。這個法則實際上是說：「受到政府以人為方式高估價值的貨幣，將趕走被人為低估價值的貨幣。」比如說，假設有一盎司重的金幣在市面上流通，經過多年的耗損，有些錢幣的重量只剩0.9盎司。被磨損的錢幣，顯然應該以完整錢幣的九成價值在自由市場上流通才對，而前者的名目面值將不被接受[8]，充其量也只是即將被趕出市場的「劣幣」罷了。但假設政府明令每個人必須將磨損的錢幣視同新幣，並在收回債權時一視同仁，那麼，政府這個舉動實際上意謂著什麼？它施加了價格控制，強迫這兩種型態的錢幣之間採用某種「交換率」（exchange rate），當磨損的錢幣明明應該折價 10%，政府卻堅持採用平價比率，等於是以人為方式高估被磨損錢幣的價值，同時低估新幣。結果每個人都寧願流通被磨損的錢幣，同時囤積或出口新幣。所以說，「劣幣驅逐良幣」不是發生在自由市場，而是政府干預市場的結果。

---

8 為了因應使用耗損的問題，私人鑄幣者可能會對保證重量設定期限，或者是同意重新鑄造原始重量或重量較輕的新幣。同時請注意，在自由經濟體中的錢幣，不會有當政府壟斷主導鑄幣時的那種強制的錢幣標準存在。

撤開政府無止盡的騷擾並製造高度動亂不談，歷史上曾經多次充斥私造的貨幣。一如虛擬法律，所有的創新都來自於自由的個體而非國家，第一批錢幣也是由私人和金匠鑄造的。事實上，當政府剛開始壟斷鑄幣時，皇家錢幣是由私人銀行家保證的；老百姓對私人銀行家的信賴度顯然遠高於政府。私人鑄造的金幣直到1848年都還在加州流通[9]。

八、「適度」的貨幣供給

現在我們或許要問：社會上的貨幣供給為何？這些貨幣

---

[9] 關於歷史上的私人鑄幣，詳見伯納德（B.W. Barnard）的〈美國的私人代幣供做貨幣使用之探討〉（The Use of Private tokens for Money in the United States, *Quarterly Journal of Economics*, 1916-17），pp. 617-26；查理斯・柯南（Charles A. Conant）的《貨幣銀行原理》（*The Principles of Money and Banking*, New York: Harper Bros., 1905）I, 127-32；雷頌德・史普納（Lysander Spooner）的《給格羅佛・克利夫蘭的一封信》（*A Letter to Grover Cleveland*, Boston: B. R. Tucker, 1886），p. 79；以及勞倫斯・洛林（J. Laurence Laughlin）的《貨幣、信用和價格的新說》（*A New Exposition of Money, Credit and Prices*, Chicago: University of Chicago Press, 1931）I, 47-51。關於鑄幣，也請參考米塞斯上引之 pp. 65-67，以及愛德溫・康南（Edwin Cannan）的《貨幣》（*Money*, 8th ed. London: Staples Press, Ltd., 1935），p. 33 及其後。

供給如何被使用？我們尤其要提出一個長久以來存在的問題：我們「需要」多少貨幣？貨幣供給必須受某種「標準」規範，還是可以交給自由市場？

首先，在任何時點，社會上的貨幣供給總量，等於目前做為貨幣的物質的總重量。假設自由市場只以黃金為貨幣（雖然也可以採用銀或甚至鐵，但這是取決於市場，而不是我們）。由於黃金是貨幣，貨幣的總供給量等於社會上的黃金總重量。黃金的形狀並不重要，除非改變成某些形狀的成本大於其他（例如：鑄幣成本大於熔化貨幣的成本）。此時，市場會選定一種形狀做為計數的貨幣，其他形狀則視其在市場的相對成本，而產生溢價或折價。

黃金總存量改變的原因，將與其他財貨存量改變的原因相同──存量增加來自礦產增加，減少則是因為耗損和工業使用等原因所致。由於市場將選擇一種耐久商品為貨幣，又由於貨幣的消耗速率跟其他商品不同（貨幣係做為交換媒介），因此每年新產量占總存量的比重往往相當小。因此，黃金總存量的改變通常很緩慢。

貨幣供給量「應該」多少比較好？各種標準紛紛出籠：貨幣應該隨人口、「交易量」、「財貨的生產量」變動，才

能使「物價水準」持平；少數人建議由市場決定。可是，貨幣在一項根本的事實上，與其他商品不同；掌握了這項差異，也就掌握了理解貨幣問題的關鍵。當任何其他財貨的供給增加時，等於是為社會帶來好處，值得一般老百姓高興，因為更多的消費財意謂民眾的生活水準提高，更多資本財意謂未來的生活水準將得以維持並提升。發現肥沃的新土地或自然資源，也將使目前和未來的生活水準更上一層樓。但是貨幣呢？增加貨幣供給也能造福大眾嗎？

消費財是由消費者使用，資本財與自然資源則是在生產消費財的過程中被耗用，但貨幣並不會被用光，貨幣的功能是做為交換媒介，讓財貨勞務更有效地從一人移轉到另一人。這些交換行為都是以某個數額的貨幣完成的，因此如果一台電視機要三盎司黃金才換得到，我們就說電視機的「價格」是三盎司。在任何時點，經濟體中所有的財貨都要根據特定的黃金比率或價格來交換。正如我們先前所說，貨幣或黃金是所有價格的公分母，但貨幣本身有「價格」嗎？由於價格只是一種「交換率」，因此貨幣顯然也有它的價格。但在這個例子 ，「貨幣的價格」是市場上所有財貨的無數個交換率的陣列（array）。

因此，假設電視機的價格是三盎司黃金、一輛車是六十

盎司黃金、一條土司麵包是 1/100 盎司黃金，瓊斯的一小時法律服務是一盎司黃金，那麼「貨幣的價格」就是各商品間交換率的陣列。一盎司黃金將「值」1/3 台電視、1/60 輛汽車、100 條麵包，或瓊斯一小時的法律服務。類似的例子可以一直舉下去。所以說，貨幣的價格等於一單位貨幣的「購買力」，在此例中為一盎司黃金，購買力告訴大家可以用一盎司買什麼，好比電視機的貨幣價格代表一台電視機可以換得多少錢。

貨幣價格由什麼決定？跟決定市場所有價格的力量相同，也就是「供給與需求」這古老永恆的真理。我們都知道，雞蛋的供給增加時價格往往下跌，如果買方對雞蛋的需求上升，則價格往往上漲。貨幣也是如此。貨幣供給增加會使得它的「價格」降低，貨幣需求增加則使它的價格上漲。但是，什麼是貨幣需求呢？在雞蛋的例子中，我們了解「需求」就是消費者願意花在雞蛋上的錢，加上雞蛋供給者留下以及未賣出的雞蛋。同樣地，在談到貨幣時，「需求」意謂著市場上等待交易（以換取金錢）的各種財貨，加上以現金形式持有的以及特定期間內未花掉的貨幣。在上述兩種情況中，「供給」則是指市場上該財貨的總存量。

那麼，如果黃金供給增加，而貨幣需求持平時，會發生

什麼事？答案是「貨幣價格」下跌，換言之貨幣的單位購買力隨之下降——現在一盎司黃金換不到100條麵包、1/3台電視機等。相反地，如果黃金的供給下降，一盎司黃金的購買力就上升。

貨幣供給的改變有什麼效果？引用大衛・休謨（David Hume）這位最早期經濟學家的例子，我們可以自問，假如有個小仙子鑽進口袋、錢包和銀行的保管箱，一夜間把貨幣供給加倍，結果會怎樣？如果小仙子用神奇的方式將黃金供給量加倍，我們的財富會加倍嗎？顯然不會。使我們富有的是取之不盡、用之不竭的財貨，而限制那充裕性的，則是土地、勞工、資本等資源的稀有。讓錢幣加倍無法使這些資源突然出現，或許我們一時間會感覺自己加倍富有，但顯然我們所做的一切只是在稀釋貨幣供給，由於大眾急著花掉他們新發現的財富，於是財貨價格也會約略上漲一倍，或至少漲到需求被滿足，貨幣不用再苦苦追逐現有的財貨為止。

因此我們知道，當貨幣供給增加時會使其價格下跌，而這樣的改變不像其他財貨那樣會為社會帶來好處。社會大眾不會因此而更富有。新的消費財或資本財可以提高生活水準，但是新貨幣只會使物價提高，換言之稀釋了它本身的購買力。造成這個難題的原因，是因為貨幣的用途只在其交換價

值，其他財貨則有各種「實質」用途；財貨的供給增加能滿足更多消費者的欲望，但貨幣只能用於未來的交換，它的用途在交換價值或「購買力」。「貨幣增加無法帶給社會好處」的法則，源自它做為交換媒介的獨特用途。

因此，貨幣供給增加只會稀釋每一盎司黃金的效能，供給減少則提高每一盎司黃金的力量。接著我們要面對的驚人事實是：貨幣供給的多寡都無所謂。任何供給量都照樣行得通，自由市場只要改變貨幣購買力或單位黃金的效能即可，不必為了改變市場決定的貨幣供給而進行干預。

至此，貨幣政策的計畫者可能會抗議：「好吧，假設提高貨幣供給是沒道理的，那麼開採金礦豈不是浪費資源？難道政府不應該穩定貨幣供給，同時禁止開採新的金礦嗎？」凡是不大力反對政府干預的人，可能會對以上論點鼓掌叫好，然而，這番說詞無法動搖那些堅定擁護自由的人。話說回來，這個反對意見忽略了一項重要事實：黃金不僅是貨幣，無可避免地，它也是一種商品。黃金供給量增加可能不會帶來任何貨幣利益，但確實帶來非貨幣利益，換句話說，提高黃金供給量，的確會增加用來消費（首飾、鑲牙之類）和生產（工業用）的黃金供給。因此，開採金礦根本不會造成社會浪費。

　　於是我們可以做出以下結論：貨幣供給就像任何財貨，最好留給自由市場決定。與高壓統治相比，自由除了具備一般的道德和經濟利益外，不去規定貨幣數量將使交易更順暢，而自由市場將根據黃金與其他生產財貨在滿足消費者需求的相對能力上，決定黃金的產量[10]。

九、「囤積居奇」的問題

　　然而，對貨幣自由的批評聲浪可不容易平息，尤其是一向以來惡名昭彰的「囤積」（hoarding）現象。一想到囤積，就浮現出自私的老守財奴的形象，他們也許是無理性，也許是出自邪惡動機，將用不完的黃金囤積在地窖或藏寶箱，而停止循環和交易流通，導致經濟蕭條等問題。囤積真的那麼危險嗎？

　　首先，守財奴對貨幣需求增加導致了財貨價格下跌，一盎司黃金的購買力上升，至此社會還沒產生任何損失，只是更「夠力」的黃金供給變少罷了。

---

10 開採金礦當然不比其他行業賺錢，長期來看，開採金礦的報酬率將等於任何產業的淨報酬率。

即使在最糟情況下也是一切正常，貨幣自由並沒有創造任何窒礙難行之處。不過問題不只如此，因為一般人想擁有比現金餘額更多或更少的貨幣，絕不能說是不理性。

現在，讓我們進一步研究現金餘額（cash balance）。人為何會保有現金？假設每個人都能完全準確地預知未來，就不需要在手頭保留現金，每個人完全曉得未來何時會花多少錢、會賺多少收入，那麼他不需保有任何貨幣，而且會把黃金借給他人，所獲得的收入，可以使他在需要用錢的時候手頭更寬裕。但是，我們當然是活在不確定的世界　，無法確知何時會發生什麼事，或者未來的收入或成本會是多少。只要愈感到不確定與恐懼，就想保有愈多現金；若是感覺愈安全，就希望手頭的現金愈少。保有現金的另一個理由，也受到真實世界不確定的影響——如果人們預期幣值即將下跌，就會趁現在比較值錢時趕緊用錢，於是就「消耗囤積」並降低對貨幣的需求。相反地，如果預期幣值將上揚，就會等貨幣更有價值時再花錢，而他們對現金的需求也將上升。所以說，人們對現金的需求，會因為正當且健全的理由而提高或降低。

倘若經濟學家相信，「當貨幣不處於恆久且活躍的『循環』（circulation）狀態時，就是出問題了」，這樣的經濟學家

就是犯了錯誤。沒錯，貨幣的用途只是交換價值，但貨幣卻
不止對真正發生交易的瞬間有用，這事實往往被忽視。閒置
在某人手上的現金，甚至被守財奴「囤積」[11] 的貨幣還是一
樣有用，因為貨幣只是目前被持有，以等待貨幣擁有者在未
來可能的交換——對貨幣擁有者來說，現在貨幣的用處是，
現在或未來任何時間都可依自己的意願來進行交換。

　　要記住一件事：所有黃金都一定要被擁有，因此所有黃
金都必須在人們的現金餘額中。如果社會上有三千噸的黃金
，那麼在任何時點，所有三千噸黃金都必須被個人的現金餘
額所擁有並持有，現金餘額的總和永遠等於社會上的貨幣總
供給。諷刺的是，要不是真實世界的不確定性，可能根本就
沒有貨幣制度存在！在確定的世界上，人們都不願持有現金
，社會上的貨幣需求便會無量下跌，價格將無止境竄高，任
何貨幣制度都將崩潰。那時候，現金餘額的存在就不是惱人
且麻煩的事了，對任何貨幣體系來說，此時干預貨幣交換是
絕對必要的。

　　再者，主張貨幣「循環」的說法有誤導之嫌。正如所有

---

11 一個人的現金餘額要到什麼程度才算是略帶爭議性的「囤積」？這
　　是不可能有任何固定標準的。一般說來，「囤積」代表某甲持有的
　　現金，高過某乙認為某甲應該持有的額度。

來自物理科學的隱喻，貨幣循環意謂某種機械處理程序將獨立於人類意志之外，以某特定的流速或「速度」移動。事實上，貨幣不是在「循環」，而是不時地從一個人的現金餘額**轉到**另一人的現金餘額。再強調一次，貨幣的存在，端視人們持有現金餘額的意願而定。

在本節開始時，我們知道「囤積居奇」絕不會造成社會損失，現在我們將了解到，貨幣需求引起的貨幣價格變動將對社會有益，跟增加財貨和勞務的供給一樣，同樣帶來利益。我們已經知道，社會中現金餘額的總和等於貨幣總供給，現在假設供給維持在三千噸不變，假設不管什麼理由，或許是因為理解力提升，因此一般人對現金的需求增加了。當然，滿足這項需求對社會是有益的，但是當現金餘額的總和必須維持不變時，該如何滿足對貨幣的需求呢？方法是：當人們對現金餘額的評價更高時，貨幣需求增加、財貨價格下降。結果，同樣的總現金餘額，其「實質」餘額提高了，也就是，依財貨價格的變化同比例提高了。換言之，大眾的有效現金餘額增加了。相反地，對現金需求下降將導致花費增加和財貨價格上漲，大眾對較低有效現金餘額的欲望，將因為固定的現金總額必須發揮更多功用而獲得滿足。

因此，雖然源自供給變動所導致的幣值變動，只會改變

每單位貨幣的效能且不會給社會帶來好處,但是對現金餘額需求的改變所造成的幣值變動確實對社會有益,因為它滿足了大眾想要以更高或更低現金餘額比例來完成現金交易的欲望。另一方面,增加貨幣供給將使大眾想要有更有效的現金總額(以購買力來說就是更有效能)的欲望受挫。

人們幾乎一定會說,他們希望錢多多益善!可是,他們真正想要的不是更多的貨幣(更多盎司的黃金或「美元」),而是更有效的單位貨幣,換言之,能買到更多財貨勞務的貨幣。我們知道,社會無法藉由提高貨幣供給來滿足更高的貨幣需求,因為提高供給量只會稀釋每一盎司的效能,於是貨幣變得不如以往值錢了。一般人的生活水準(非貨幣使用的黃金除外)無法因為開採更多金礦而提高,如果人們想要自己的現金餘額擁有更高的效能,只有透過財貨價格的下跌,而每盎司的效能提高來達到。

十、穩定價位?

有些經濟理論家指責自由貨幣制度是不智的,因為它無法「穩定價位」,換言之,就是穩定貨幣單位的價格。他們說,貨幣應該是永不改變的固定尺標,貨幣的價值或購買力

應該維持穩定。既然貨幣價格會在自由市場上波動,因此政府當局一定會打壓自由以確保穩定[12]。舉例來說,穩定將為債務人和債權人帶來公平正義,債權人收回的美元或黃金盎司,所具備的購買力一定跟出借當時相同。

不過,如果債權人和債務人想避免未來購買力改變的風險,也可以在自由市場上輕易辦到。他們在簽約時可以協議還款將根據某個雙方同意的幣值指數調整。主張幣值穩定者一向贊同採類似措施,但說也奇怪,債主和借款人應該從幣值穩定獲得最大利益才對,卻鮮少好好利用這些機會。那麼,政府應該將人民自發拒絕的「好處」強加在他們身上嗎?顯然地,在不確定性無法被消弭的世界上,商人寧可在他們預期市場狀況的能力上一搏。畢竟幣值跟市場上任何其他自由的財貨價格並沒有兩樣,既然後者能因個人需求的變化而改變,幣值又為什麼不行?

事實上,人為的穩定措施將嚴重扭曲並妨礙市場運作。我們曾指出,人們將難免因為想改變現金餘額的真正比例而受挫,因此根本沒機會根據財貨價格按比例地改變現金餘額

---

12 在這個時點上,政府實際上怎麼做並非重點所在。基本上,就是在政府管制下去改變貨幣供給量。

。此外，生活水準改善是資本投資的成果，較高的生產力往往會降低財貨價格（與成本），因而將自由企業的果實分配給所有大眾，提高全體消費者的生活水準；強制拉抬物價則會妨礙更高生活水準的普及。

一言以蔽之，貨幣並非「固定的尺標」，而是充當交換媒介的一種商品。因應消費者需求而改變幣值，跟市場上其他的自由定價同等重要，也同樣有益。

十一、並存的各種貨幣

到目前為止，我們對完全自由經濟體系下的貨幣有了一些概念：金或銀被拿來當作交換媒介；黃金由具競爭力的私人企業所鑄造，根據重量而流通；市場上的價格會根據消費者需求和生產資源的供給而自由波動。價格自由化必然隱含了貨幣單位的購買力能自由地變動；想強行干預幣值變動，又不阻礙各種財貨的價格自由變動是不可能的——自由經濟體系絕非混亂無序，相反地，經濟體會快速而有效地調整以供應消費者所需；貨幣市場當然也可以是自由的。

到目前為止，我們都將問題簡化，假設只有一種金屬貨幣，比如說，黃金。現在假設有**兩種**或更多種貨幣持續在市

面流通，比如說，黃金和白銀。黃金和白銀可能個別成為某一區域的貨幣，也可能並行。舉例來說，市場上一盎司黃金比一盎司白銀更有價值，黃金可用來進行較大額交易，白銀則用在較小額交易。兩種貨幣並行會造成混亂嗎？政府難道不會介入，在兩者之間施行固定比率（「複本位制」〔bi-metallism〕），或用某種方式將其中一種去貨幣化（施行「單一本位制」〔single standard〕）？

當市場不受干預的情況下，可能最終會以某種單一金屬做為貨幣。但是近幾世紀來，白銀還是頑強地向黃金挑戰。雖然如此，政府卻沒有必要介入，將市場從維持兩種貨幣的愚行當中拯救出來。白銀之所以流通的原因就是便利（比如說，小額）。白銀和黃金可以輕易並行，過去就是如此，兩種金屬的相對供需，將決定兩者間的兌換率，而這個比率跟任何其他價格一樣，將繼續隨著各種不斷變動的力量而變動。比如說，有段時間一盎司白銀和一盎司黃金的兌換率為16:1，其他時期則是15:1等。究竟以哪種金屬做為記帳單位，要看市場的具體情況而定。如果黃金變成記帳用的貨幣，則多數交易將以黃金盎司估算，而白銀盎司也將以黃金所表達的自由波動價格在市場上交易。

要分清楚一件事：兩種金屬單位的兌換率和購買力，永

遠會循著一定比例。如果用白銀表達的財貨價格，是用黃金
表達的十五倍，則兌換率應該設在15:1，否則，人們會傾向
將一種金屬換成另一種金屬，直到達到平準為止。因此，如
果用白銀表達的價格，是用黃金表達的十五倍，而白銀和黃
金的兌換率為20:1的話，則人們會趕快把財貨賣掉換黃金，
拿黃金買白銀後，再用白銀買進財貨，從中獲得豐厚的利潤
。這麼做將很快回復兌換率的「購買力平價」——因為相對
於白銀來說，黃金變得比較便宜，於是財貨的白銀價格上漲
，財貨的黃金價格下跌。

簡單地說，自由市場相當井然有序（orderly），當貨幣
自由時是這樣，當不止一種貨幣同時流通時也是。

自由貨幣將提供何種「標準」？重要的是，標準不能由
政府法令強制規定。如果不受干預，市場或許會訂定黃金為
單一貨幣（「金本位」），或白銀為單一貨幣（「銀本位」），或
者更可能的是，兩者都做為自由波動匯率的貨幣（「平行本
位」〔parallel standards〕）[13]。

---

[13] 關於平行本位的過去案例，詳史丹利・傑逢斯（W. Stanley Jevons）
的《貨幣及交換機制》（*Money and the Mechanism of Exchange*,
London: Kegan Paul, 1905），pp. 88-96，以及羅伯・羅培茲（Robert
S. Lopez）的〈回到1252年的金本位〉（Back to Gold, 1252, *The*

十二、貨幣倉庫

　　假設自由市場以黃金為貨幣（為了簡化起見，再次忽略白銀）。即使黃金以錢幣的方便形狀呈現，卻往往不便攜帶，也不易在交換時直接使用，對較大金額的交易來說，攜帶數百磅黃金既累贅又麻煩，這時，隨時滿足社會需求的自由市場適時伸出援手。首先，黃金必須儲存在某處；如果對其他行業來說，凡事專業分工是最有效率的，那麼儲存黃金當然應該找倉儲業才對。有些公司因為提供倉儲服務而成功；其中有些是黃金倉儲，並為無數的物主保存黃金。就像所有倉儲一樣，物主對儲存品的權利，是由倉單（warehouse receipt）獲得確立的；物主存入物品，而取得倉單。這張憑證賦予物主隨時取回物品的權利；倉庫的獲利與其他業主無

Economic History Review, December 1956），p. 224。黃金鑄幣幾乎在同一時間引入現代歐洲的熱那亞和佛羅倫斯，佛羅倫斯採行複本位制，而「熱那亞則相反，遵循盡可能限制國家干預的原則，不試圖在不同金屬的錢幣間加諸固定關係」（同一出處）。關於平行本位的理論，詳見米塞斯引文179頁及其後。有關美國黃金檢定辦公室（U. S. Assay Office）某官員提議採行平行本位，詳見席維斯特（I. W. Sylvester）的《做為通貨的金條認證》（*Bullion Certificates as Currency*, New York, 1882）。

異，也就是，對提供的倉儲服務收取費用。

有充分理由相信，黃金倉庫或貨幣倉庫，將和其他倉庫一樣在自由市場上生意興隆。其實倉儲在貨幣中的角色更重要。所有的財貨都要被消費，必須保留在倉儲一段時間，以便在生產或消費過程中被耗用。然而如我們了解的，貨幣主要不是實體地被「使用」，而是用來交換其他商品，或等待未來類似的交易發生。簡單地說，與其說貨幣被「用掉」，不如說是從一個人那　移轉到另一人手上。

在這種狀況下，為求便利，倉單無可避免地將取代實體黃金被移轉。假設史密斯和瓊斯都把黃金儲存在同一個倉庫，瓊斯賣一輛車給史密斯，得到一百盎司黃金，則交易流程可以是大費周章——亦即史密斯先把倉單換成現金，將黃金運到瓊斯的辦公室，瓊斯再重新存入黃金——但他們勢必將選擇更方便的程序：史密斯只要把一百盎司黃金的倉單交給瓊斯即可。

如此一來，貨幣的倉單就愈來愈具備貨幣替代品的功能。愈來愈少交易是搬動實體黃金，而愈來愈多情況是以黃金的書面憑證代替。隨著市場發展，這項替代程序的演進存在三種限制。首先是人們使用這種貨幣倉儲（我們稱為銀行）

來取代現金的程度。顯然，如果瓊斯因為某種理由而不喜歡利用銀行，則史密斯就得搬動實體黃金。第二項限制是每家銀行的客戶群有多大。換言之，愈多交易發生在不同銀行的客戶間，就必須搬動愈多黃金，如果愈多交易發生在同一家銀行，就愈不需要搬動黃金。如果瓊斯和史密斯分屬不同倉庫的客戶，史密斯的銀行（或他本人）就必須把黃金搬到瓊斯的銀行去。第三，客戶群對銀行的信賴度。如果他們突然發現銀行職員有前科紀錄，則銀行可能很快失去生意，所有倉儲（以及所有仰賴商譽的事業）在這方面的情況都是一樣的。

隨著銀行成長與人們對銀行的信賴度提高，客戶可能發現在許多情況下，取消他們對紙收據（又名銀行券〔bank notes〕）的權利，改以帳冊紀錄的權利取代會更方便。在貨幣的範疇中，這些一直都被稱為銀行存款（bank deposits），客戶不必移轉紙收據，而是擁有銀行帳上的要求權，只要寫一個指令給倉庫，要求移轉帳戶的一部分給某人即可。因此在我們的例子中，史密斯將指定銀行將他對一百盎司黃金的帳面權利移轉給瓊斯，這種書面指令稱為支票（check）。

以經濟的角度來說，銀行券和銀行存款並無差異，這點應該很清楚。兩者都是對儲存的黃金主張所有權，都做為貨

幣的替代品，以類似方式移轉，其使用程度都受以上三種限
制。客戶可以依方便選擇以銀行券或存款的形式[14]來保有權
利。

　　現在，這一切運作的結果，將對貨幣供給造成什麼影響
？如果銀行券或銀行存款被用作「貨幣替代品」，是否表示
經濟體中有效的貨幣供給增加了，即使黃金存量維持不變？
當然不是。原因是，貨幣替代品只是用倉單取代實際儲存的
黃金，如果瓊斯在他的倉庫　存了一百盎司黃金，於是拿到
一張收據，這張收據就可以當作貨幣在市場上使用，但也只
能做為黃金的方便替身，不等於黃金的增加。因此，倉庫中
的黃金不再是有效貨幣供給的一部分，而是以收據的準備金
（reserve）而被持有，以因應物主隨時主張權利時所需。替
代品的使用量增加或減少，不會改變貨幣供給，改變的只有
供給的形式，而不是總供給量。所以說，社會上的貨幣供給
可能從一千萬盎司黃金開始，其中六百萬盎司被存在銀行
，相對發行金元券（gold notes），至於有效的貨幣供給量，
會是四百萬盎司黃金，以及以銀行券形式存在的六百萬盎司
的黃金要求權。總貨幣供給不變。

14　第三種貨幣替代品，將是以代幣（token coins）做為極小額零錢。
　　實際上，代幣相當於銀行券，但卻是以金屬而非紙鈔「印行」。

令人好奇的是，許多人堅稱如果銀行在「百分之百準備」（有多少黃金才發出多少收據）的基礎下營運，就沒有一家銀行能賺錢。然而，這對於任何倉庫來說都不是問題，倉庫本來就應該為物主保存所有財貨（即百分之百準備）——事實上，不這麼做就等於是詐欺或竊盜行為。倉庫的利潤來自於向顧客收取的服務費，銀行也可以用相同方式對它們的服務收費，如果顧客不同意支付高額服務費，表示一般人對銀行服務的需求不大，於是，銀行服務的使用量將會降到消費者認為值得的程度。

現在，我們也許要進入貨幣經濟學家面臨的棘手問題：如何評價「部分準備金制度」（fractional reserve banking）。我們一定要問：部分準備金制度能被自由市場所容許嗎？還是那是一種詐欺行為？銀行很少能長久維持百分之百準備，這是眾所皆知的事，由於貨幣可能待在倉庫　許久，因此銀行往往將部分貨幣挪作他用；另一個誘惑則是因為人們通常不關心自己從倉庫領回的金幣，是否就是當初存入的那些。因此，銀行試圖用他人的錢替自己謀利。

如果銀行直接把黃金出借給別人，則收據當然就部分失效。現在有些收據的背後沒有黃金為後盾，簡單地說，銀行其實無力償債，萬一它被要求履行義務時可能會「開天窗」

，如果所有顧客都想要回財產，銀行根本就拿不出來。

銀行通常不會直接拿出黃金，而是印發無黃金為後盾的「假」倉單，換言之這些倉單所代表的黃金並不在銀行，也不可能存在。而後銀行將這些假倉單貸放出去以賺取利潤。它所產生的經濟效果顯然是相同的：印發的倉單多於存在金庫　的黃金。銀行所發行的，其實是「什麼都不代表」的黃金倉單，但照道理應該百分之百代表黃金面值。就這樣，假憑證與真實憑證一樣外流到市場上，於是增加了國內的貨幣供給量。在上例中，如果銀行現在發行兩百萬盎司的假憑證，換言之背後沒有黃金做後盾，則該國的貨幣供給將從一千萬盎司黃金增加到一千兩百萬盎司，至少在欺騙行為被發現並糾正前都會是如此。現在除了公眾握有四百萬盎司黃金外，八百萬盎司的貨幣替代品背後只有六百萬盎司黃金為後盾。

發行假憑證就像偽造錢幣一樣，是通貨膨脹（inflation）的一個例子，本書稍後會探討這一點。我們可以將通貨膨脹定義為經濟體中貨幣供給的增加，但不包含貨幣金屬的存量增加。因此，採取部分準備制的銀行，在先天上就屬於通貨膨脹的機構。

為銀行辯護的人如此回答：銀行的運作跟其他行業一樣，要承擔風險。的確，當所有存款戶都主張權利時，銀行將會破產，因為提示的憑證將超過金庫　的黃金。但是，銀行只是碰碰運氣——通常都具有正當性——假設不會每個人都來要回自己的黃金。然而，「部分準備」銀行和其他行業的最大差別在於：其他生意人用的是自有或借來的資金，如果錢是借來的，他們承諾在未來某一天償還，那麼他們會留心在那天手頭必須有足夠的現金來履行義務。如果史密斯借了一百盎司黃金為期一年，他會設法在明年此時湊足一百盎司黃金。但是，銀行不是向存戶借錢，不誓言在未來某一天奉還黃金，而是承諾在任何時間應要求對憑證給付黃金。簡單地說，銀行券或存款並不是借據或負債，而是他人財產的倉單。此外，當生意人借入或貸出貨幣時，並不會造成貨幣供給增加，所借的錢原本是被存起來的錢，那是現有貨幣供給的一部分，從存款者被移轉到借款者而已。銀行發行的貨幣，則是以人為方式提高貨幣供給，因為假憑證被注入了市場。

照這麼看來，銀行所承受的可不是一般的商業風險。它不像生意人那樣，可以根據負債的時間模式依比例安排資產的時間模式，換言之，留心在到期日有足夠的錢付帳即可。

對銀行來說，多數負債都是說來就來，但資產卻不是。

銀行可以憑空創造新貨幣，而且不像一般人必須靠生產和販賣服務來謀利。簡單地說，銀行已經破產了，而且一直處在破產狀態，但唯有顧客心生懷疑而發生「擠兌」時，破產的窘狀才會現形。其他行業是不會體驗到「擠兌」現象的，它們不會因為顧客決定重新擁有自己的財產，而在一夜之間陷入破產窘境；其他行業都不能創造虛構的新貨幣，而這種錢在真正估算時將從人間「蒸發」。

下一章將探討部分準備制的銀行造成的立即經濟效應，而現在可以得到的結論是：從道德的觀點，這類銀行比起暗中偷竊好不到哪　去，無權立足於真正的自由市場中。的確，銀行券或存款沒有明示倉庫保證隨時在手頭保有百分之百的黃金，但銀行卻承諾隨時兌現，因此當它發行任何假憑證時就已犯下詐欺行為，因為銀行當下就不可能實現承諾，兌現所有的銀行券和存款[15]。因此，銀行在發行假憑證的那一刻即犯下了詐欺行為。究竟哪幾張憑證屬於詐欺，只有在發

---

15 詳阿瑪薩‧沃克（Amasa Walker）的《財富的科學》（*The Science of Wealth*, 3rd ed. Boston: Little, Brown, and Co., 1867），pp. 139-41。在126-232頁針對部分準備貨幣制度的問題有精彩討論。

生擠兌（因為每張收據長得都一樣）後才見分曉，晚到的索賠者只好望銀行興嘆了[16]。

　　如果自由社會禁止詐欺行為，那麼部分準備制的銀行勢必面臨同樣的命運[17]。假設詐欺和部分準備金制度都是被允許的，銀行只要履行隨時兌現黃金的義務，一旦做不到就等於立即破產，這類制度就是大家所知的「自由銀行制」（free banking）。這麼一來，會有大量用來欺騙的貨幣替代品被發行，結果跑出一大堆人為創造的新貨幣嗎？許多人是這麼認為的，而且相信「野貓式銀行制度」（wildcat banking，譯註：係指在美國州法下不健全且高風險的銀行體系，1816 至 1863 年為興盛期。當時銀行發行的紙通貨，是以極高風險或甚至是莫須有的資產為後盾）只會使貨幣供給無限膨脹，但是另一方面，「自由

---

16 或許自由人主義（libertarian）的制度會將「一般擔保存款」（亦即允許倉庫以任何同質性財貨返還存款者）視為「特定擔保存款」，後者就像提單、當票、碼頭倉單等，對特定指定物品建立所有權。原因是，在一般存款擔保的案例中，倉庫往往將財貨視為己有，而不是顧客的財產。這正是銀行的心態。詳 Jevons 引文 pp. 207-12。

17 詐欺隱含著竊盜行為，因為詐欺意謂在收到有價物品後，卻不履行合約。簡單地說，如果某甲賣給某乙一盒標註著「玉米穀片」的東西，結果一打開竟然是稻草，則某甲的詐欺其實是在盜取某乙的財產。同樣地，為不存在的財貨發行幾可亂真的倉單，等於在欺騙那些對不存在財產主張所有權的人。

銀行制」這樣的貨幣制度，將遠比今天我們所擁有的制度更「實在」（harder）。

之前提到，銀行將接受相同三種限制的檢驗，而且還挺嚴格的。首先，每家銀行的擴充將因為黃金流向他行而受限，因為銀行只能在自己的客戶群之內擴大貨幣供給。假設 A 銀行存了一萬盎司黃金，現在發行兩千盎司的假黃金倉單，並將這些倉單借給不同的企業或用來投資證券。借款人或之前的證券持有人，將把這筆新貨幣用在不同的財貨和勞務上。最後，這筆流來流去的錢將為某人持有，而他正是 B 銀行的顧客。

這時候，B 銀行將對 A 銀行提出兌現黃金的要求，以便將黃金轉到 B 的金庫中。顯然地，每家銀行的客戶群愈廣，顧客間的交易就愈多，擴充信用和貨幣供給的範疇也愈廣。原因是，如果銀行的客戶群狹窄，則在它發行創造出來的貨幣不久後就會被要求兌現，於是如我們所知，這家銀行只有能力兌現其義務的一部分。為了避免禍起蕭　，銀行的客戶群愈狹窄，黃金準備的比率就要愈高，可擴充的程度也愈小。如果每個國家只有一家銀行，其擴充程度將比每兩人就有一家銀行的社區大許多；在所有條件相同的情況下，銀行家數愈多則每一個的規模愈小，於是貨幣供給也就愈「實在」

、愈健全。同樣地，一家銀行的客戶群大小也會受限於完全不使用銀行的人，愈多人使用真黃金而非銀行貨幣，則銀行膨脹的空間也愈小。

不過，假設數家銀行組成卡特爾（cartel，譯註：寡占市場中，同業之間進行橫向合作，採取一致策略以避免相互間激烈的競爭而增加利潤），同意替對方的憑證付款而不要求立即兌現，又假設銀行的貨幣是到處通用的。那麼，銀行的擴充還受到任何限制嗎？是的，另一項檢驗是顧客對銀行的信心。隨著銀行的信用和貨幣供給不斷擴充，愈來愈多顧客對準備金比率的降低憂心忡忡，在真正自由的社會中，凡是對銀行體系無力償債的事實有所了解的人，將有能力組成「反銀行聯盟」，敦促顧客趕緊把錢取出。簡單地說，聯盟促成擠兌現象，或者說這些聯盟的形成所造成的威脅，將可以遏止並逆轉貨幣擴充。

以上討論的用意不是在抨擊一般的信用（credit）慣例；信用在自由市場中具備重要而且攸關生死的功能。在借貸金錢時，貨幣（現在有用的財貨）的擁有者用錢換取未來某天的還款（還款是「未來的財貨」），而收取的利息正反映市場對現在財貨的評價高於未來的財貨。然而，銀行券或存款與借貸無關，它是倉單，客戶可立即主張向銀行金庫兌現（例

如：黃金）。一般借款人還得確保在到期日能還得起借款；
而部分準備制銀行只有能力償還其現有債務的一小部分。

下一章要探討政府對貨幣制度的各種干預形式，其中大
多數非但無法抑制詐欺，反而消除了對通貨膨脹的天然檢查
機制。

結論

有關自由社會的貨幣，我們學到了什麼？我們學到：所
有貨幣都是源於自由市場選擇做為交換媒介的某種有用商品
，而且必然如此。貨幣單位只是商品貨幣的重量單位，商品
貨幣通常是金或銀等金屬。在自由制度下，被選為貨幣的商
品，形狀和形式都由自由的個人自願地決定，因此私人鑄幣
跟任何商業活動一樣正當而且值得去做。貨幣「價格」是貨
幣對經濟體中所有財貨的購買力，幣值是由供給量和每人對
貨幣的需求而決定，政府固定貨幣價格的企圖將干涉人民對
貨幣需求的滿意度。如果人民認為用一種以上的金屬做為貨
幣比較方便，則金屬之間的市場兌換率將取決於相對需求和
供給，而這往往等於它們個別購買力的相對比率。一旦某種
金屬的供給量足夠被市場選為貨幣，則增加供給量並不能改

善其貨幣功能，反而只是稀釋每一盎司貨幣的效能，對經濟體毫無助益。然而，黃金或白銀存量的增加，則能滿足更多非貨幣的欲望（首飾、工業用途等），因此對社會是有用的。通貨膨脹（貨幣替代品增加，而沒有金屬存量的增加為後盾）從來對社會沒有好處，只是犧牲一群人的利益來造福另一群人。通貨膨脹是用詐欺的方式侵犯他人財產，在自由市場中是不會發生的。

總而言之，自由，能夠把貨幣制度運作得很好，正如經濟體的其他部分一樣。和許多作者意見不同的是，貨幣並不特別需要政府給予額外的指揮；自由的人民將最能順利供給自己所有的經濟欲望。對貨幣也好，對人類所有其他活動也好，「自由是秩序之母，而非秩序之女。」（Liberty is the mother, not the daughter, of order.）

第 3 章

插手管錢
的政府

一、政府的收入

和所有的組織相比,政府收入並非來自服務,也因此政府面臨的經濟問題跟其他組織的很不一樣。想賺取更多財貨和勞務的個人,必須生產並銷售更多其他人想要的財貨,至於政府則只要找到某種方法,就可以在不取得物主的同意下徵收更多財貨。

在物物交換的經濟體制中,政府官員只能靠「奪取現貨」來徵收資源,他們發現在貨幣經濟中奪取貨幣資產還容易些,然後用奪來的錢為政府取得財貨和勞務,要不就拿來補貼自己喜歡的團體。類似的奪取行為就叫租稅制度(taxation)[1]。

然而,租稅制度往往不受歡迎,而且經常在亂世中導致革命。雖說貨幣是對人類的恩賜,但也替政府徵收資源的行

---

[1] 因此在今天,直接奪取財貨不如徵收貨幣普遍。前者的案例包括:在土地徵用權下以「應有程序」取得土地;在被占領國駐軍,尤其是強迫服勞役(例如:徵兵、強迫擔任陪審員、規定企業要記錄稅務資料並扣繳稅款)。

為，開闢了一條更神不知、鬼不覺的途徑。要在自由市場中取得貨幣，除了生產和銷售他人想要的財貨勞務外，還可以採礦（從長期來看，這門生意不比其他的賺錢）。但若政府能設法從事偽造貨幣（counterfeiting），也就是從無中創造出新貨幣，就可以快速生產屬於自己的貨幣，又不必費事販賣服務或開採黃金。這時，政府就可以暗中分配資源，又不會如課稅般引起敵意。事實上，偽造貨幣會在受害者身上製造充滿喜悅的假象，也就是無比的榮景。

偽造貨幣顯然是通貨膨脹的另一種說法，兩者都創造非本位黃金或白銀的新「錢」，且兩者的運作方式雷同。現在我們了解，政府為何先天上傾向通貨膨脹，因為通膨是政府取得公共資源有力而且微妙的手段，也是無痛但遠比課稅危險的形式。

二、通貨膨脹的經濟效應

為了估算通膨的經濟效應，讓我們看看一旦一群專門偽造貨幣的人開始行動時，會發生些什麼事。假設經濟體的黃金供給量為一萬盎司，狡詐的偽造者在沒人發覺的情況下，又多「灌」了兩千盎司，後果會怎樣呢？首先，偽造者拿著

新創造的錢買財貨和勞務，從而獲利。《紐約客》(*New Yorker*)雜誌的漫畫　有一段知名對話，漫畫中一群偽造者對這伎倆做出嚴肅的省思：「零售消費將獲得一劑強心針。」一點也不錯，地方性消費的確獲得一劑強心針。新錢按部就班地在整個經濟體系發揮作用，隨著新錢散播出去而拉抬物價，只會稀釋每一塊錢的效能。但稀釋作用需要時間而且並不公平，在此同時，有些人獲益，有些人倒楣。簡單來說，偽造者和當地的零售業者是先發現到收入增加，而後才感覺物價上漲。但是另一方面，處在經濟體中偏遠地帶的人尚未收到這些新錢，於是在收入還沒增加前，就已嚐到物價上漲的苦果。舉例來說，身在國家彼端的零售業者將蒙受損失，最先收到新錢的獲得最大利益，被犧牲的卻是那些最後才收到錢的人。

因此，通貨膨脹通常無法造福社會，反而以「對先來者有利」的方式進行財富重分配，而犧牲了這場賽跑中的落後者。事實上，通膨好比賽跑，看誰最先拿到新錢。慘遭損失的後知後覺者，通常又叫「領死薪水的一群」，舉凡神職人員、教師、受薪階級等，顯然比其他人晚取得新錢，受害最大的會是仰賴固定金額合約的人，而且這些合約是在價格因通膨而上漲前就訂定的人壽保險受益人和領年金者、靠養老

金過活的退休人士、簽下長期租約的地主、債券持有人和其他債權人,以及持有現金的人,都將受到通膨的首當其衝,成為被「課稅」的一群[2]。

通膨還有其他災難性的效果,它扭曲了經濟體制的基本原理:商業計算。既然價格變動的幅度和速度不一,企業便難以區分漲價究竟是長期或短期的,從而估算消費者的真正需求或自己的營運成本。比如說,會計實務上會把企業購置資產的金額當作「成本」,但在通膨的攪局下,當資產耗用完畢時的替換成本將遠高於帳面的成本,結果通膨時期的商業會計將嚴重高估獲利——甚至可能因此而增資,其實那會消耗資本[3]。同樣地,股東和不動產持有者在通膨時取得的資本利得,其實根本不是「利得」,但是他們可能會把部分的錢花掉,還渾然不知自己蝕了老本。

---

2 「保守派」關切受到通膨傷害的「孤兒寡母」,大眾對此報以嘲弄,已經蔚為風氣。然而這正是必須面對的問題。剝削孤兒寡母,來補貼農民與軍人,真的是「進步」嗎?

3 這項謬誤對擁有最老舊機器的公司以及資本最密集的產業而言最為嚴重,而且有不少企業會在通膨時期蜂擁投入這些產業。關於這類會計成本謬誤的探討,詳見貝斯特(W. T. Baxter)的〈會計員對景氣循環的貢獻〉(The Accountant's Contribution to the Trade Cycle, *Economica*, May, 1955),pp. 99-112。

　　通膨藉由虛幻的利潤並扭曲經濟計算，使得自由市場原有的對無效率的懲罰和對有效率公司的獎勵都將延遲，而幾乎每家公司都看似一片榮景。「賣方市場」的氛圍將導致財貨勞務的品質下降，因為當漲價是以品質打折的形式發生時，來自消費者的抗拒會比較小[4]。通膨時工作品質下降，是基於一個更微妙的理由：人們沉迷於「一夕致富」，這在物價高漲的年代似乎唾手可得，因此往往不屑腳踏實地。通膨也懲罰節儉並鼓勵舉債，因為無論借多少錢，還款時的貨幣一定比當初借來時的購買力更低，因此誘因是先借錢後還款，而不是省下錢來借給別人。通貨膨脹在創造「繁榮」的閃亮氛圍中，降低了人民的生活水準。

　　幸運的是，通膨不可能永遠持續下去，因為到頭來人們會對這種「變相課稅」幡然醒悟，因貨幣購買力的持續縮水而覺醒。

　　首先，當物價上漲時，人們會說：「這不是正常現象，一定是某種緊急狀況下的產物，那我就晚點買，等價格回跌再說。」在通膨的第一階段，這是一般人的態度，這想法使

---

4 在「生活費指數」（例如：自動調整工資合約）變得眾所矚目的那陣子，存在著強烈誘因，在不影響指數的情況下調漲價格。

物價上漲趨緩，並隱藏進一步通膨的事實，因為貨幣需求因此而增加了。但隨著通膨的進行，人們開始領悟到價格因不斷通膨而不斷攀升，這時人們會說：「雖然價格很『貴』，但我現在就要買了，再等下去的話，價格恐怕要進一步升高。」結果對貨幣的需求會降低，而物價上漲的比例還高於貨幣供給的上升。在這時點上，政府往往被要求紓解因物價加速上漲而導致的貨幣短缺，結果使通膨雪上加霜。不久，國家到了「瀕臨崩潰的繁榮」階段，這時人們會說：「我現在一定要買點東西──只要能甩掉手中不斷貶值的貨幣，管它買什麼都行。」貨幣供給衝上天，需求跌落谷底，物價迭創新高。生產量急遽下降，人們花更多時間設法把錢脫手。貨幣制度幾近崩盤，只要有辦法，經濟體將轉向他種貨幣──他種金屬、外國通貨，如果這是一國之內的通膨的話。或甚至回到以物易物的狀況。通膨衝擊下的貨幣制度已然垮台。

這種恐性通貨膨脹（hyper-inflation）的狀況，在歷史上並不陌生，法國大革命的「交付券」（assignats，譯註：法國大革命時期，革命政府為償付徵收土地的地價而發行的紙幣）、美國革命時期的「大陸幣」（Continentals），尤其是 1923 年的日耳曼危機，還有二次大戰後的中國及其他國家的貨幣都是[5]。

針對通膨的最後一項指控是，每當新發行的貨幣首先被

用作企業貸款時，通膨就會引起可怕的「景氣循環」（business cycle）。這個幾世代以來無人察覺的寂靜卻致命的程序，以如下方式運作：銀行體系在政府的庇護下發行新貨幣，然後借錢給企業。對生意人來說，這筆新的資金似乎是如假包換的投資，但這些錢卻不像自由市場的投資，並非來自於自發性的儲蓄。商人將這些新貨幣投資在各種計畫上，並給予工人較高工資，或是以更高的代價取得其他生產要素。隨著新貨幣滲透到整個經濟體中，人們傾向於重新調整原來自發性的消費／儲蓄的比率。簡單地說，如果人們希望將兩成左右的所得拿來儲蓄與投資，把剩下的用來消費，則銀行借給企業的新貨幣，首先將使得儲蓄率看似比以前高。當新貨幣流入大眾時，它重建舊有的80／20比，而現在的許多投資顯然都是不經濟的。將膨脹榮景下的不經濟投資加以清算，即構成了景氣循環的蕭條（depression）階段[6]。

三、強行獨占鑄幣權

---

5 關於德國的例子，詳見康斯坦丁‧布雷斯其阿尼－杜隆尼（Costantino Bresciani-Turroni）的《通貨膨脹的經濟學》（*The Economics of Inflation*, London: George Allen and Unwin, Ltd., 1937）。

6 關於進一步討論，詳見莫瑞‧羅斯巴德的《美國大蕭條》（*America's Great Depression*, Princeton: D. Van Nostrand Co., 1963），第一部。

政府想利用偽造貨幣以增加收入，必須採取一些遠離自由市場的冗長步驟。政府不能只是侵入一個運作正常的自由市場，印刷自己的紙鈔；如果做得這麼唐突，很少人會願意接受政府的貨幣。即使在現代，許多身處「落後國家」的人民還是對紙鈔敬謝不敏，堅持只用黃金做買賣。因此，政府的侵略行為必須盡量微妙、漸進才行。

直到幾百年前都還沒有銀行存在，因此政府無法像今天一樣，利用銀行體系的引擎大舉膨脹。在只有黃金和白銀流通的年代，政府能做什麼呢？

首先，具有相當規模的政府會堅持採取的第一步，就是緊咬鑄幣業務的絕對獨占，這是掌控錢幣供給的絕對必要手段。國王或領主的相片會印在錢幣上，並到處散播「鑄幣是皇室特權或男爵宗主權之絕對必要」的迷思。獨占鑄幣事業，讓政府得以隨自己而非人民的高興，供應任何面額的錢幣。於是，市場上的錢幣種類被迫減少了。此外，這個時候的鑄幣費可能高於鑄幣成本（貨幣鑄造稅〔seigniorage，也有譯為重鑄幣費〕）、剛好等於鑄幣成本（鑄造貨幣費〔brassage，也有譯為輕鑄幣費〕）或免費。貨幣鑄造稅是一種獨占價格，使得金銀條塊轉換成貨幣時，還需承受一筆額外

費用。另一方面，免費鑄幣則會過度鼓勵將金銀條塊轉換成貨幣，迫使廣大的納稅人幫別人使用的鑄幣服務埋單。

政府取得鑄幣獨占事業後，還要獎勵大眾多多使用貨幣單位的**名稱**，盡最大努力將貨幣名稱與貨幣重量的真正基礎分開來。這也是極重要的步驟，讓政府不必遵守世界市場上的通用貨幣，每個國家不採用黃金或白銀的喱或公克，還假藉愛國主義之名，將國名印在貨幣上以謀取私利，如：美元、馬克、法郎之類的。這項轉變讓政府以降低貨幣成色（debasement）的高超手段偽造貨幣。

四、降低貨幣成色

降低貨幣成色是國家假藉強力保障通貨標準為名，複製錢幣，而且禁止私營企業這麼做。政府有時索性欺騙大眾，暗中以合金為基礎來稀釋黃金，製造出成色不足的錢幣。其特點是，鑄幣廠將國內各種錢幣熔化後重新鑄造，賦予新錢幣相同的「磅」或「馬克」數，只不過重量較輕。剩下的金或銀落入國王私囊，以支付他的花費。如此一來，政府不斷欺騙並重新界定它誓言捍衛的標準，統治者更是大言不慚，將貶值的利潤稱為「貨幣鑄造稅」。

劇烈而快速的貶值是中世紀的特徵，歐洲幾乎所有國家無一倖免。於是在1200年，法國的livre tournois被定義為純銀的98%，到了1600年只剩11%。最驚人的莫過於西班牙的薩拉森（Saracen）錢幣「第納爾」（dinar），在七世紀末首次鑄造時，原本內含65喱黃金。薩拉森人以健全貨幣制度著稱，到了十二世紀中，第納爾還有60喱。就在當時，基督教的國王征服了西班牙；到了十三世紀初，第納爾（後改稱瑪拉維地〔maravedi〕）已降低成色到14喱。這些金幣不久就因為過輕而無法流通，並被轉換成重26喱銀的銀幣，銀幣也面臨了成色不足的命運，到了十五世紀中葉，瑪拉維地僅有1.5喱銀，再度因為過輕而無法流通[7]。

五、格雷欣法則與貨幣制度

（一）複本位制

政府施加價格控制，多半是為了將人民的注意力，從政府的通貨膨脹轉移到自由市場被指控的邪惡上。如各位所知

---

7 關於降低貨幣成色，詳見愛爾金・葛羅斯克羅斯（Elgin Groseclose）的《貨幣與人》（*Money and Man*, New York: Frederick Ungar, 1961），pp. 57-76。

，「格雷欣法則」是價格控制的常見後果，亦即以人為力量高估幣值，往往會趕走因人為力量而被低估的貨幣。事實上，政府將最高價格加諸某種貨幣，使受害的貨幣（被人為地低估）供給短缺（因囤積或出口而消失），於是幣值被高估的貨幣取而代之，在市面上流通。

我們已經從新錢幣相對於老舊錢幣中了解這個道理，這也是格雷欣法則最早幾個例子之一。政府將貨幣的意義從重量改成總數，並為了自己而非百姓方便將面額標準化，將重量不同的新舊貨幣賦予相同名稱。結果，人民囤積或出口重量十足的新錢幣，將老舊貨幣拿出來流通，這時政府只能對著「投機者」、外國人或統稱的自由市場叫罵，殊不知這種狀況根本就是自己造成的。

格雷欣法則特別重要的例子，是長久以來有關「本位」的問題。我們知道，自由市場發展出黃金和白銀的「平行本位」，各自根據市場供需，相對於對方而自由波動。然而政府決定助市場一臂之力，方法是介入以「簡化」狀況。政府認為，如果金和銀固定在某個絕對比率，例如，二十盎司白銀兌換一盎司黃金，那麼情況必定明朗許多！如此一來，兩種貨幣將永遠以固定比率流通，更重要的是，政府就不必再以重量看待貨幣，而改以總數。想像「浪漫國」的國民（譯

註：Ruritanians，浪漫國為古代傳說中的想像國度）將一盎司黃金
的二十分之一定義為一單位的 rur。對政府來說，用自己的
權力誘導人民將 rur 視為跟黃金不太相關的抽象單位是極其
重要的，畢竟還有什麼方法比固定金銀比率更棒呢？這麼做
使得 rur 不僅是二十分之一盎司黃金，也等於一盎司白銀。
如今 rur 這代表黃金重量的名稱已失去精確意義，人民開始
將 rur 想成政府出於良善與效率而設定的具體貨幣，而且等
於特定重量的金和銀。

現在我們了解，黃金盎司或喱脫離以愛國或民族為名的
重要性。一旦這種分類取代一般認可的重量單位，政府就更
能輕易操縱貨幣單位，並賦予它專有的名義與生命。金銀的
定量比即「複本位制」，以乾淨俐落的方式完成這項任務。
然而複本位制卻未能達到另一項使命——簡化國家通貨，原
因是格雷欣法則再度發揮作用。政府通常一開始會將複本位
比率（例如二十比一）設在自由市場的現行比率，但是市場
比率正如所有市場價格一樣，難免會因為供需狀況改變而改
變。當改變發生時，固定的複本位比就難逃被廢止的命運。
改變會使得金或銀其中之一被高估。於是黃金跑到現金餘額
、進入黑市或流到海外，這時白銀從國外流入、從現金餘
額　跑出來，成為浪漫國的唯一通貨。好幾世紀以來，各國

無不因為突然替換金屬貨幣的大災難而痛苦不已，首先是白銀流入而黃金消失，而後相對市場比率改變，於是湧入黃金而白銀不見蹤影[8]。

最後，歷盡滄桑的複本位制終於崩潰瓦解，政府遂挑選一種金屬為本位，通常是黃金。白銀被貶低成「代幣」（token coins），而且是重量不足的小面額。（代幣的鑄造也被政府獨占，且由於並非以百分之百黃金為後盾，於是成為擴充貨幣供給的手段。）將白銀從貨幣中除名，對那些偏好使用白銀進行各種交易的人當然不利，複本位主義者對於「利用白銀犯罪」的大聲疾呼固然有其真實性，然而罪行的起源其實就是以複本位取代平行本位所致。複本位制創造出前所未見的艱困狀況，政府若不回到完全的貨幣自由（平行本位），就得選擇兩種金屬之一做為貨幣（金或銀本位）。經過這些日子，完全的貨幣自由被視為荒誕不經，於是金本位便被普遍接受了。

（二）法定貨幣

政府如何對貨幣的匯率施以價格控制？方法是利用名叫

---

8 事實上，許多降低貨幣成色的作為是在暗中發生的，政府宣稱這只是讓官方的金銀比率跟市場更趨一致而已。

法定貨幣法（legal tender laws）的機制。貨幣被用來償付過
去的債務和現在的「現金」交易，隨著記帳時以國家的貨幣
名稱取代實際重量，於是合約也開始改為保證償付特定數量
的「貨幣」，法定貨幣法會規定該種「貨幣」為何。當只有
原始的黃金或白銀被指定為「法定貨幣」時，一般人還不覺
得有何傷害，但是他們應該領悟到這麼做會為政府控制貨幣
立下了危險的先例。如果政府堅守原始貨幣，它的法定貨幣
法將會是多此一舉[9]。另一方面，政府也可以宣稱法定貨幣
相較於原始貨幣，屬於品質較低的通貨，因此政府可以宣布
老舊錢幣在償還債務上的效力與新錢完全一樣，或是白銀和
黃金仍以固定比率換算。於是法定貨幣法又讓格雷欣法則現
身了。

　　當法定貨幣法讓被高估的貨幣取得地位時，還會發生另

---

9 「合約的普通法規範了所有必要事項，但沒有任何一條對特定形式的
　通貨有特殊待遇。我們向來以一磅金幣做為貨幣單位……如果我承
　諾支付一百磅金幣，不需要特別的法定貨幣法，來聲稱我必須支付
　一百磅金幣，再者如果我被要求付一百磅金幣，我就不能付別種貨
　幣來解除義務。」引自法瑞爾爵士（Lord Farrer）的《1898年通貨之
　研究》（*Studies in Currencies 1898*, London: Macmillan and Co., 1898）
　，p. 43。關於法定貨幣法，也可參考米塞斯所著《人的行為》（
　Human Action, New Haven: Yale University Press, 1949，中譯本遠流
　出版），pp. 432n, 444。

一種效果。也就是說,法定貨幣法犧牲了債權人的利益來造福債務人,因為債務人被允許用比借來的錢價值低許多的貨幣來償還債務,而債權人則是被騙走理應屬於自己的錢。不過,將債權人的財產充公,只能讓現有的債務人受惠;當債權人牢記被政府剝奪的經驗後,未來的債務人將因可貸資金稀少而蒙受更大壓力。

六、摘要:政府與貨幣制度

強制的鑄幣獨占與法定貨幣立法,是政府掌控國家貨幣的基礎。各國政府為了支持這些措施,會廢止敵對政府所鑄造的所有錢幣[10]。如今在各國境內只能使用自己轄下的錢幣;而國際間則使用未蓋印的黃金和白銀條塊來匯兌。這麼做進一步斬斷了全球市場的聯繫,讓國與國變得涇渭分明,並使勞動力的國際分工崩壞瓦解。然而,純然的強勢貨幣並不足以讓政府遂行通貨膨脹——政府能操作的貶值畢竟有限,而使用黃金和白銀的國家,會對各國政府在自己領土內的控制進行明確的檢驗。統治者仍得遵守國際金屬貨幣的紀律。

---

10 外國錢幣的使用,在中世紀以及直到十九世紀中葉的美國都還很普遍。

　　政府的貨幣控制可能演變為專制獨裁，它的偽造貨幣行
為不受挑戰，從近幾世紀以來貨幣替代品大行其道可為明證
。而紙鈔和銀行存款的誕生，在完全有黃金或白銀為後盾時
可說是經濟的恩賜，為政府控制貨幣開了一扇門，也導致整
個經濟體系的門戶洞開。

七、允許銀行拒絕付款

　　現代經濟的演進，隨著銀行與貨幣替代品被普遍運用的
情況下，為政府加強控制貨幣供給，並在自己的裁量下容許
通貨膨脹，提供了絕佳機會。我們在第2章「貨幣倉庫」時
提到任何銀行在「自由金融」制度下膨脹通貨的權力，必須
受到三大檢驗：（一）每家銀行的客戶群大小；（二）整個
銀行體系的客戶群大小，亦即人民利用貨幣替代品的程度；
（三）客戶對往來銀行的信心。從整個銀行制度來看，每家
銀行的客戶群愈狹隘或信心愈不堅定，經濟體的通貨膨脹就
愈受限制。而政府對銀行體系的特權與控制，已使得這些限
制開始鬆動了。

　　當然，以上三種限制，都是來自銀行隨時得償還債務的
基本義務。我們已經了解到，沒有一家採部分準備制的銀行

能償還所有債務，我們也了解這是每家銀行都會下的賭注。但是，對任何私有財產的制度來說，履行合約當然是必要的義務，因此政府助長通貨膨脹的最蠢做法，就是賦予銀行特權，可以拒絕償付債務又能繼續營運。雖然其他每個人都必須償還債務否則就得破產，但銀行被准許拒絕兌現他們的憑證，並強迫債務人在貸款到期時要還款。以上通常被稱為「暫緩償還實物」（suspension of specie payment），更精確的說法是「行竊執照」。還有更好的說法嗎？

在美國，當銀行陷入困境時就大規模暫緩償還實物，幾乎已經成為傳統，最早起源於1812年戰爭。當時國內銀行大多位在新英格蘭，這一帶對美國參戰完全不假辭色。這些銀行拒絕提供貸款供戰爭所需，政府只好向其他州的新銀行借錢，後者發行新紙鈔供貸放，造成的通貨膨脹極其嚴重，以致要求兌現者紛紛湧入新銀行，尤其因為政府所借的錢大多花在新英格蘭以購買戰爭物資，使得新英格蘭的一些保守銀行也成為要求新銀行兌現的客戶。結果1814年發生大規模的「暫緩償還實物」，持續了兩年多（直到戰爭結束許久）。在這段期間，銀行如雨後春筍般興起，發行了一堆無須用黃金或白銀承兌的本票。

以上的貸款展延，為1819年、1837年、1857年的經濟

危機開了先例。在這項慣用手法下，銀行發覺自己根本無須恐懼通膨後會破產，而這種心態當然刺激了通貨膨脹和「野貓式銀行制度」。那些把十九世紀的美國視為「自由銀行制度」可恨範例的撰文者，顯然不了解在每一個金融危機中，各州未履行應盡義務的事實。

　　政府與銀行都說服大眾相信它們的行為具有正當性。事實上，凡試圖在危機期間把錢收回來的人都被認為「不愛國」，是在剝削自己的同胞；而銀行往往因為出於愛國心協助社會安度難關而大受讚揚。然而許多百姓對整個過程頗有微詞，從這種心境當中，演變成南北戰爭前一片看好的知名「強勢貨幣」（hard money，譯註：亦即不自由流通的貨幣）傑克森運動（Jacksonian movement）[11]。

　　姑不論對美國發揮了多大功用，像這種賦予銀行一時特權的做法，並未成為現代世界的通用政策。這是一種過於即興式的粗糙工具（由於極少人會對從不履行義務的銀行死忠一輩子，因此無法成為永久性的做法），更重要的是，它並未提供政府一套控制銀行體系的手段。畢竟政府想要的不單

---

11 詳見賀瑞斯・懷特（Horace White）的《貨幣和銀行體系》（*Money and Banking*, 4th ed., Boston: Ginn and Co., 1911），pp. 322-27。

是通貨膨脹，而且是完全由自己一手導演的通貨膨脹，演出這場「秀」的銀行必須安全無虞才行，也因此一種更微妙、更順暢且更具永久性的做法出現了，以「文明的里程碑」向民眾推銷，那就是「中央銀行」。

八、央行制度：取消對通貨膨脹的檢驗

如今的中央銀行制度，和現代化管線及良好道路系統並駕齊驅，凡是沒有中央銀行制度的經濟體都被稱為「開倒車」、「落後」，永無翻身之日。美國於1913年採聯邦準備制度（Federal Reserve System）——亦即美國的央行——終於得以躋身「先進」國家之林。

中央銀行通常名義上由私人擁有，例如美國的央行是由私立銀行共同持股，但央行永遠聽命於政府任命的官員，並充當政府的左右手。雖然央行跟最初的「英格蘭銀行」或「美國第二銀行」同為私有，但它們的獲利前景，卻提高了政府對通貨膨脹的欲望。

中央銀行從政府授予的鈔票發行獨占權獲得呼風喚雨的地位，而且這種力量往往心照不宣。私立銀行一概不准發行鈔票，這項特權被保留給中央銀行，私立銀行只能發行存單

，倘若顧客想把存單轉成鈔票，銀行必須向央行提取，因此中央銀行又被稱為「銀行中的銀行」，因為銀行被迫要跟央行打交道。銀行存單不僅能兌換成黃金，還可以換成央行發行的鈔票，而且這些新鈔可不是普通的銀行鈔票——對於被賦予政府一切威嚴的中央銀行來說，這些新鈔是它的負債。政府會決定央行的高層人事，並將央行政策與其他國家政策協調一致。政府課稅收受鈔票，並宣布它們為法定貨幣。

在這些措施下，國內所有銀行都成了央行的客戶[12]。黃金從私立銀行湧入央行，而公眾則換得央行的鈔票且停用金幣。「官方」取笑金幣為笨拙、過時、無效率，是老掉牙的「崇拜對象」，唯一用途是擺在聖誕節的襪子　送給孩童。然而，無論從安全性、方便性與效率觀之，存放在央行大金庫的黃金條塊顯然高明許多！老百姓在政治宣傳的耳濡目染，並受到方便性與政府為後盾的鈔票影響下，漸漸在日常生活中停用金幣，黃金被無情地趕到較「集中化」的央行，也讓貨幣替代品更有通貨膨脹的空間。

---

12 在美國，銀行依法必須加入聯邦準備制度，並在聯邦準備銀行開戶。（凡是不屬於聯邦準備制度的「州銀行」，則將準備金存放在會員銀行。）

　　美國的聯邦準備法案強迫銀行對存款維持最低準備率，從 1917 年以來，這些準備金只能是存在聯邦準備銀行的存款。黃金不再成為銀行法定準備的一部分，它必須存放在聯邦準備銀行。

　　整個過程讓民眾脫離使用黃金的習慣，讓人民的黃金接受國家「不怎麼細心」的照顧，政府幾乎不費吹灰之力就把這些黃金收歸國有。從事國際貿易的人士，在大額交易時依舊使用黃金條塊，但他們只占總投票人口的一小部分而已。

　　人民之所以從黃金轉向鈔票，理由之一在於大眾對中央銀行的信心。誠然，擁有領土內幾乎所有黃金的中央銀行，有個大有為的政府撐腰，是不可能經營不善而倒閉的！再說央行也沒有經營不善的紀錄。為什麼呢？原因出在一個沒有白紙黑字，但人人心知肚明的規定——央行是「不准」經營不善的！如果政府偶爾允許私立銀行延後付款，又怎麼不會在艱困時期，容許自己的「心肝寶貝」延後付款呢？十八世紀末的英格蘭就允許英格蘭銀行延後付款，而且一延就是二十多年，也為央行開了先例。

　　於是，央行便承載公眾幾乎不可限量的信心。這時民眾不了解央行被容許隨心所欲地偽造貨幣，而當它的誠信受到

質疑時，又可免於任何責任。民眾將央行視為偉大的國立銀行，提供公共服務，並以政府虛擬助手的角色，與經營不善絕緣。

央行繼續在民眾的信心下投資私立銀行，這是個比較艱鉅的任務，央行讓大眾認為它將永遠擔任「最後貸款者」（lender of last resort）的角色，換言之，央行隨時準備貸款給陷入困境的銀行，特別是當許多銀行被要求履行義務時。

政府也繼續幫銀行撐腰，做法是不鼓勵人民「擠兌」（也就是當許多客戶有受騙的疑慮，而要求銀行返還財產時）。有時政府還是允許銀行延後付款，就像1933年強迫銀行「放長假」，當時通過法律，禁止公眾鼓噪擠兌；又如1929年美國大蕭條時期，政府大力鼓吹反對「自私」又「不愛國」的黃金「囤積者」，後於1933年採行聯邦存款保險，總算「解決」銀行經營不善的麻煩問題。聯邦存款保險公司，對於它「保險」的銀行存款，只能提供微乎其微的「靠山」，然而民眾的印象卻是（而且這印象還蠻確實的）聯邦政府隨時準備發行新鈔，來兌現所有被保險的存款。於是，政府設法將廣大群眾的信心轉嫁到整個銀行體系，也轉嫁給中央銀行。

　　我們已經看到，政府藉由設置央行，而大幅放寬（如果沒有完全消除的話）三種檢驗銀行信用膨脹指標的其中兩種。第三種檢驗——銀行客戶群狹隘的問題呢？如何去除這項檢驗，正是央行的主要任務之一。在自由銀行體系下，任何一家銀行的膨脹，將立即導致其他銀行要求兌現債務，因為任一銀行的客戶群都很有限。但央行將準備金灌入所有銀行，而確保所有銀行能以整齊劃一的速度同時擴張。如果每家銀行同步擴張，就不會有某銀行提出兌現的要求，而每家銀行會發現全國百姓都是自己的客戶。說得簡單些，銀行擴張的限制被無限放寬，從每家銀行的客戶群到整個銀行體系。當然，這表示沒有一家銀行的擴充能超過央行想要的程度，政府也終於能掌控、引導銀行體系的膨脹了。

　　除了取消對通貨膨脹的檢驗，央行的成立，也有直接的通貨膨脹效果。在央行成立前，銀行的準備是以黃金為基礎，如今黃金流入央行來換取在央行的存款，也就是目前商業銀行的準備金，然而央行本身卻只為自己的負債保存極小部分的黃金準備！因此，成立央行大大倍增國家發生通膨的可能性[13]。

九、央行：導演通貨膨脹

中央銀行究竟如何規範私立銀行？答案是，控制銀行的
「準備金」，亦即它們在中央銀行的存款帳戶。銀行往往為總
存款（負債）保持特定比率的準備金，而美國政府的控制更
簡單，就是對銀行加諸法定的最低比率。因此，央行可以將
準備金注入銀行體系並降低法定準備率，使得全國的銀行信
用擴張，以刺激通貨膨脹。假設銀行保持1:10的準備金／存
款比，那麼一家全國性的銀行如果擁有一千萬元的「超額準
備」（超過規定比率的準備），將被容許並鼓勵膨脹到一億元
。既然銀行因為信用擴張而獲利，同時政府也使銀行幾乎沒
有經營不善的可能，銀行通常會盡量在可容許的最高額度內
，將錢貸放出去。

央行可藉由從市場上購買資產，來提高銀行準備金的額
度。舉例來說，如果央行向瓊斯先生買進評價為一千美元的

---

13 用這種方式建立聯邦準備制度，讓美國銀行體系的擴充權力提高三
 倍。聯邦準備制度也降低所有銀行的法定準備率，從1913年的21%
 左右，到1917年的10%，如此又使得通膨潛力加倍，合計的潛在通
 膨為六倍之多。詳見卻斯特・菲利普斯（Chester A. Phillips）、麥可
 曼奴斯（T. F. McManus）和尼爾森（R. W. Nelson）合著的《銀行體
 系與景氣循環》（*Banking and the Business Cycle*, New York: The
 Macmillan Co., 1937）第23頁以後。

畅銷**30**年策略經典
首度出版繁體中文版

時基競爭

COMPETING AGAINST TIME
How Time-Based Competition is Reshaping Global Markets

速度是競爭的本質,學會和時間賽跑,
你就是後疫情時代的大贏家!

蘋果執行長
提姆・庫克
推薦員工必讀

向編輯學思考：
激發自我才能、學習用新角度看世界，精準企畫的10種武器

作者｜安藤昭子　譯者｜許郁文

定價｜450元

博客來、誠品 5 月選書

網路時代的創新，每一件都與「編輯」的概念有關。

所有需要拆解、重組或整合情報的人，必讀的一本書。

你做了編輯，全世界的事你都可以做。

——詹宏志（作家）

有了編輯歷練，等同於修得「精準和美學」兩個學分，終身受益。

——蔡惠卿（上銀科技總經理）

提到「編輯」，你想到什麼？或許你想到的，多半都是和職業有關的技能。

事實上，編輯不是職稱，而是思考方式。

本書所指的編輯，是從新角度、新方法觀看世界和面對資訊與情報，藉此引出每個人與生俱來的潛能。

本書作者安藤昭子師承日本著名的編輯教父松岡正剛，安藤將松岡傳授的編輯手法，濃縮為10種編輯常用的思考法，以實例、練習和解說，幫助我們找到用新角度觀看世界的新角度。

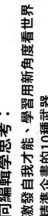

〈後疫情時代的數位轉型〉

Metadata後設資料:
精準搜尋、一找就中,數據就是目資產!
教你活用「描述資料的資料」,加強資訊的連結和透通

作者|傑福瑞·彭蒙藍茲

譯者|戴至中

定價|420元

百萬車軍命:
改變人類生活,顛覆社會樣貌的科技創新

作者|霍德·利普森

譯者|梅爾芭·柯曼

譯者|徐立妍

定價|480元

科技選擇:
如何善用新科技提升人類,而不是淘汰人類?

作者|賈維克·華德瓦

亞歷克斯·沙基佛

譯者|譚天

定價|380元

完全圖解物聯網:
實戰·案例·獲利模式,從技術到商機、從感測器到系統建構的數位轉型指南

作者|八子知礼等著

譯者|翁碧惠

定價|450元

時基競爭：
快商務如何重塑全球市場

作者｜喬治‧史托克、
湯瑪斯‧郝特
譯者｜李田樹
定價｜480元

解決問題：
克服困境、突破關卡的
思考法和工作術

作者｜高田貴久、岩澤智之
譯者｜許郁文
定價｜450元

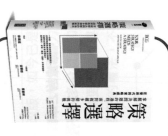

策略選擇：
掌握解決問題的過程，
面對複雜多變的挑戰

作者｜馬丁‧瑞夫斯等著
譯者｜王喆、韓陽
定價｜480元

黑天鵝經營學：
顛覆常識，破解商業世界的
異常成功個案

作者｜井上達彥
譯者｜梁世英
定價｜420元

任何資產，會發生什麼事呢？央行開一張一千美元的支票給瓊斯先生做為資產價金，而由於央行沒有開個人帳戶，於是瓊斯先生就把支票存入他的往來銀行。瓊斯的銀行將一千美元的支票記在他的帳上，然後將支票送到央行提示，央行將金額記在該銀行的準備金帳上。這一千美元的準備金，就可以讓銀行以倍數擴張信用，尤其如果增加的準備金，是以這種方式注入國內各地的許多銀行的話，膨脹效果更好。

如果央行直接從銀行買進資產，那麼結果更清楚：銀行的準備金提高，信用倍數擴張的基礎於是建立。

央行最喜歡購買的資產，無疑是政府債券，如此政府就能確保自己的證券一定有市場，政府發行新債券便可以輕易膨脹貨幣供給，而後指揮央行購買。央行往往會讓政府債券的市價撐在一定水準，造成債券紛紛流入央行，以及必然的永久性通貨膨脹。

除了購買資產，央行還可以用另一種方式來創造新的銀行準備金，也就是把錢借給銀行。而央行因為這項服務跟銀行收取的費率，就是「重貼現率」（rediscount rate）。當然，借來的準備金顯然比不上完全屬於自己的準備金，原因在於有還款壓力。改變重貼現率往往受到新聞媒體關注，但是相

較於銀行準備金的量與準備率的走勢來說，前者的重要性微
乎其微。

　　當央行將資產售予銀行或社會大眾，會造成銀行準備金
降低，也造成信用緊縮和通貨緊縮（貨幣供給降低）的壓力
。但我們知道，政府先天上傾向膨脹，歷史上有關政府採取
的緊縮行動，一直被忽視且如曇花一現。人們通常不記得一
件事：唯有通貨膨脹後才會發生通貨緊縮；唯有假憑證才能
被收回清算，而不是金幣。

十、黃金本位的消失

　　央行的成立消除了對銀行信用擴張的檢驗，讓通貨膨脹
的引擎運轉起來。然而，並非所有限制都被解除，央行本身
依舊存在著問題。老百姓可以假裝向央行擠兌，只是可能性
微乎其微，比較嚴重的威脅，是黃金外流到其他國家。正如
一家擴張的銀行，其黃金會流到其他非擴張銀行的客戶手中
，一國的貨幣擴張，也會導致黃金流入他國國民之手。擴張
較快的國家會有黃金流失的危險，於是要求向自己的銀行體
系贖回黃金，這就是十九世紀最典型的循環模式：某國的央
行造成銀行信用擴張，於是物價上漲，隨著新錢從國內流向

國外客戶,於是外國人更加緊要求贖回黃金,最後央行不得不喊停,並強制施行信用緊縮來挽救貨幣本位。

有一種做法可以避免來自外國的贖回,也就是靠各國央行間的合作。假如各國的央行都同意膨脹大約相同比率,就沒有一國的黃金會流到另一國,而整個世界就可以幾乎無限制膨脹。但由於各國政府無不盡力維護自己的權力,加上必須對各種壓力做出回應,因此這種整齊劃一的合作,至今仍證實幾乎不可能。最近似的做法,是美國聯邦準備於1920年代同意推動國內膨脹以協助大不列顛,防止該國的黃金流入美國。

在二十世紀,政府當面臨黃金需求孔急時,只是會讓「黃金本位消失」,而不會採取通貨緊縮或限制自己的通貨膨脹。這麼做當然確保央行於不墜,因為它的鈔券如今成了本位貨幣。簡單來說,政府最終可以拒絕償還負債,也讓銀行體系免除如此繁重的責任。首先是發行假黃金憑證,而隨著決算日逼近,只要將黃金的贖回一筆勾銷,就可以臉不紅、氣不喘地完成破產程序,至此,各國貨幣名稱(美元、英鎊、德國馬克)與黃金和白銀徹底脫鉤。

一開始,政府不會承認這是一項永久性措施,他們會稱

為「暫緩償還實物」，而一般人的理解是，等到戰爭或其他「緊急事件」結束後，政府會再度履行義務。例如英格蘭銀行於十八世紀末取消黃金本位後，仍持續此狀態達二十年之久，但人民的認知永遠是，只要法國戰爭一結束，政府就會再開始支付黃金。

　　不過，暫時性的「展延」，卻是通往公開拒付的康莊大道。畢竟黃金本位不比政府隨意頒布的法令，可以如水龍頭般開關自如；黃金憑證能否贖回，是一翻兩瞪眼的事，一旦贖回期限被展延，黃金本位本身就淪為笑柄。

　　另一種緩慢消滅黃金貨幣的步驟，是建立「金塊本位」（gold bullion standard）。在這套制度下，通貨不再以錢幣的形式贖回，只能換成大量、高價的金條。這麼做其實是將黃金的贖回，侷限在專精國際貿易的一小撮人。這時已不再是真正的黃金本位了，然而政府還是可以宣稱它們固守黃金。1920年代歐洲的「黃金本位」，就是這種型態的假本位[14]。

　　最後，各國政府在一陣排外並辱罵「不愛國的黃金囤積者」的旋風　，正式且徹底取消了黃金本位。政府紙鈔如今成為強制貨幣（fiat money，編按：由政府賦予無限法償地位之貨幣）——有時是以國庫券而非央行紙鈔形式，尤其是在央行

制度發展之前。美國的大陸幣（American Continentals）、「綠鈔」（Greenbacks）、南北戰爭期間的「邦聯票」（Confederate notes）、法國的「紙幣」（assignat，譯註：法國大革命期間發行），全都是由國庫發行的強制貨幣。但無論國庫或央行，發行強制貨幣的效果是相同的：如今的貨幣本位要看政府臉色；銀行存款只能兌換成政府紙鈔。

十一、強制貨幣與黃金問題

當國家取消黃金本位，進入法定本位（fiat standard）時，便開始增加現有「貨幣」的種類。除了商品貨幣、黃金和白銀外，還開始盛行由每個規範強制貨幣的政府所主導的獨立貨幣。正如黃金和白銀在自由市場上有匯率，市場也會替各種貨幣建立匯率。在強制貨幣的世界中，每一種通貨在容許範圍內，將相對其他通貨自由波動。我們已經了解到，任兩種貨幣的匯率是根據兩者購買力平價的比率，而購買力平價是由不同通貨的個別供需決定。當一種通貨的特性，從黃

---

14 詳見梅爾丘・帕宜（Melchior Palyi）的〈金本位的意義〉（The Meaning of the Gold Standard, *The Journal of Business*, July 1941），pp. 299-304。

金憑證變為法定紙鈔時，人民對其穩定性與品質的信心會開始動搖，需求量於是下降。此外，貨幣既然跟黃金脫鉤，與以往有黃金為後盾相較下顯然數量大增，在其供給大於黃金，而需求又下降的情況下，該種通貨的購買力以及相對於黃金的匯率便快速貶值。而既然政府先天上傾向膨脹，於是通貨便隨著時間而繼續向下貶。

類似的貶值有損政府顏面，而且對進口商造成傷害。存在於經濟體的黃金，不斷讓人民想起政府的紙鈔是多麼不值錢，勢必威脅到紙鈔做為國幣的地位。即使政府利用特權和法定貨幣法（legal tender laws），做為法定紙鈔的後盾，但民眾手　的金幣，對於政府控制國家貨幣的權力而言，將永遠是恥辱和威脅。

1819至1821年，在美國第一次蕭條期間，西部四州（田納西、肯塔基、伊利諾、密蘇里）成立州立銀行發行法定紙鈔。這些銀行有各州的合法貨幣發行條款撐腰，有時還明令禁止鈔票貶值。儘管如此，在眾人殷切期盼下的實驗卻好景不常，原因是新紙鈔迅速貶得一文不值，導致計畫被迫立即喊停。南北戰爭期間和戰後，「綠鈔」以法定紙鈔之姿在北部流通，可是加州人民拒絕接受綠鈔，仍繼續以黃金為他們的貨幣。一位知名的經濟學家表示：

「紙鈔在加州和其他各州都是法定貨幣，也是徵收公共規費的形式。當時並不存在對聯邦政府的不信賴或敵意，但有種強烈的觀感……是對黃金有利，而不利紙鈔的……每位債務人有權以貶值的紙鈔償還債務，可是一旦這麼做，他就會聲名大噪（債權人可能將他的大頭照公布在報紙上），於是這位仁兄幾乎就成了過街老鼠。這段期間的加州不使用紙鈔，該州人民用黃金進行交易，至於美國其他地方的人民，則使用可兌換紙幣（convertible paper）。」[15]

很清楚的是，政府無法容忍人民擁有並持有自己的黃金。倘若人民在需要時，能拒絕法定紙鈔而恢復使用黃金，政府將永遠無法鞏固其對一國通貨的權力。因此，政府規定人民不得非法持有黃金。除了極少量獲准做為工業和裝飾用途之外，黃金大多被國家化。至此，如果有人要求返還民眾被充公的財產，就被認為是落伍到極點[16]。

---

15 法蘭克・道席格（Frank W. Taussig）的《經濟學原理》（*Principles of Economics*, 2nd Ed. New York: The MacMillan Company, 1916）第一部第312頁。並詳見厄普敦（J. K. Upton）的《政治學中的貨幣》（*Money in Politics*, 2nd Ed. Boston: Lothrop Publishing Company, 1895）第69頁以後。

十二、強制貨幣與格雷欣法則

建立了強制貨幣，且將黃金視為非法，為政府主導的全面通貨膨脹開了一條康莊大道，只剩下極寬鬆的檢驗依舊存在——惡性通膨（hyper-inflation）的終極威脅，也就是通貨的崩潰。惡性通膨的發生，是當公眾發覺政府一心一意要造成通貨膨脹並決定逃避通膨稅時，趁著貨幣還有一點價值，盡快把錢用掉。然而，政府現在可以無後顧之憂地管理通貨和膨脹，在惡性通膨來臨之前。只不過這下子又有新難題。政府插手解決一項問題，總是引來更多無法預期的新問題。在強制貨幣的世界　，各國都有自己的貨幣，以國際通貨為基礎的國際勞動力分工已經被打破，各國往往固守自己的自治單位。貨幣的不確定性進一步破壞貿易，因而降低各國的生活水平，因為每個國家有相對於所有其他通貨自由浮動的匯率，當某國的通膨超越他國時，雖然不必再擔心黃金外流，卻面臨其他令人不快的後果——也就是，該國幣值相較外

---

16 關於美國政府逐步將人民的黃金充公，並於1933年取消黃金本位，詳見葛瑞特・葛瑞特（Garet Garrett）的《人民的燉肉湯》（*The People's Pottage*, Caldwell, Idaho: the Caxton Printers, 1953）pp. 15-41 有精闢分析。

國通貨貶值，這不僅讓政府面子掛不住，甚至困擾那些擔心貶值日益嚴重的平民百姓，同時大幅提高進口貨物的成本，對高度仰賴國際貿易的國家影響深遠。

因此，近年來政府已經逐漸廢止自由浮動匯率，讓匯率武斷地盯住其他通貨。格雷欣法則清楚告訴我們，這種武斷的價格控制將產生什麼結果——無論將匯率訂在哪　，都不會是自由市場匯率，因為後者只能由市場的每日狀況決定。因此，一種通貨的價值將永遠可以用人為方式高估，而另一種通貨的價值則相對被低估。一般來說，政府會為了它的特權以及其後果，而刻意將自己的通貨價值高估。當一國通貨在法令下被高估，人民會一窩蜂拿被高估的貨幣換取相對低廉的被低估貨幣，造成被高估的貨幣過剩，而被低估的貨幣短缺。簡單地說，訂定這樣的匯率是為了防止清算外匯市場。目前，外國通貨的價值相較美元通常被高估，造成眾所周知的「美元短缺」現象，再度證明格雷欣法則所言不虛。

聲稱「美元短缺」的外國開始採取自己的政策。有一種可能是，這些政府其實歡迎這種狀況，原因是：（一）以便有藉口起鬨要求「美元援助」以「緩解自由世界的美元短缺」；以及（二）讓這些政府有藉口對美國的進口貨物實施配給制。對外國來說，低估美元使得來自美國的進口品價格被人

為地壓低，結果造成貿易逆差，並產生美元耗盡的擔憂[17]。
於是外國政府介入，愁眉苦臉地告訴人民說，政府被迫必須
對進口貨物採取配給制，也就是對進口商發給許可證，並「
根據需求」決定進口哪些貨物。許多政府為了對進口貨物實
行配給制，不僅將國民持有的外匯充公，並強迫人民接受少
於在自由市場上能取得的國內貨幣，以便把本國貨幣的幣值
墊高，因此外匯跟黃金一樣被國家化，倒楣的是出口商。在
仰賴對外貿易的國家，政府的這種「外匯管制」其實是把經
濟體社會主義化了；人為操控的匯率，成為國家需要外援並
對貿易施以社會主義控制的藉口[18]。

目前全世界的局勢是：混亂的外匯管制、通貨聯盟（
currency blocs）、對可轉換能力的限制和多重匯率制度。某
些國家公然鼓勵從外匯的「黑市交易」發掘真正的匯率，並
為不同交易型態訂定多重差別匯率。幾乎所有國家都採強制
貨幣的本位制，卻沒有勇氣承認，於是便巧稱為「受限制的

---

17 過去幾年來，美元的幣值相對其他通貨一直被高估，因此造成美元
   流出美國。

18 關於外匯和匯率管制的精彩討論，詳見喬治・溫德（George Winder）
   所著的《英鎊的自由轉換》（*The Free Convertibility of Sterling*,
   London: The Batchworth Press, 1955）。

金塊本位制度」。實際上，黃金不僅是通貨的真正定義，也做為政府在處理以下情形的便宜行事：（一）將一種通貨對黃金的匯率固定，讓推算匯率變得很簡單；以及（二）黃金依舊在不同政府之間使用，由於匯率固定不變，有些項目必須用來平衡每個國家的支出，而黃金正是理想人選。簡單地說，現在的黃金不再是世界貨幣，而是政府的貨幣，是政府間的支付工具。

很明顯，通貨膨脹主義者的夢想，是由世界政府和中央銀行操縱的某種世界通用紙幣，以同樣的比率在各地膨脹。然而這夢想依舊前途未卜，人類離世界政府甚遠，各國的通貨問題至今仍過於分歧，相互衝突，而無法融為單一貨幣。儘管如此，世界一直朝這方向穩定前進。舉例來說，國際貨幣基金（International Monetary Fund）的一般任務是加強國家的外匯控制，特殊任務是維持外國對美元的低估，然後將黃金和美元湊合起來借給欠缺強勢通貨的政府。

十三、政府和貨幣

很多人以為，除了一些公認的優點之外，自由市場呈現出一片失序和混沌的景象，沒有一件事經過「計畫」，一切

純屬偶然。另一方面，政府支配則呈現單純而井然有序，法令既出，人民無不奉行。「貨幣」的迷思在經濟制度中最普遍，外表看來，貨幣至少必須受到政府嚴格的控管，然而貨幣是經濟體賴以維生之物，也是所有交易的媒介，如果政府對貨幣施以支配權，等於是掐住經濟體的「任督二脈」，而且向全面施行社會主義邁出了一步。我們了解，貨幣的自由市場和一般消費相反，不但不混亂，反而是秩序與效率的典範。

　　照這麼看來，我們學到了哪些關於政府和貨幣的事呢？我們已經曉得，在過去幾世紀以來，政府已經一步步侵入自由市場，奪得貨幣制度的完全控制權，我們也了解每種新的控制手段，即使有時看似無害，卻已經招致新的、更進一步的控制。我們曉得政府先天上傾向通貨膨脹，因為通膨是為政府及其偏好團體取得收入時，一種充滿誘惑力的手段。因此，緩慢但確實的貨幣箝制，一直被用於：（一）以政府決定的步調膨脹經濟；以及（二）將整體經濟導向社會主義。

　　此外，干預貨幣的政府不僅為世界製造出無數的專制政權，也帶來混沌而非秩序。在貿易與投資受阻，以及無數限制、控制、人為操控　率以及通貨崩潰等的阻礙下，將原本祥和且有生產力的世界市場四分五裂。此外，貨幣干預把和

諧的國際交往變為混亂的貨幣聯盟大戰，簡單地說，我們從
貨幣或其他事務中都可發現，強制（coercion）帶來的並非
秩序，而是衝突與混沌。

第 4 章

西方貨幣制度
的崩潰

　　自從本書初版以來，貨幣干預主義者已經從小蘿蔔頭長成大人了。1973年2、3月間的世界貨幣危機，和緊接著7月的美元崩跌，只是不斷（而且加速）發生的危機事件中最新的一例，也為政府干預貨幣制度提供了一個真實的教科書範例。在每一次危機以「OK繃」式的解決方案紓緩之際，西方世界的政府大聲宣布：如今世界的貨幣制度已經基礎穩固，所有的貨幣危機已經解決。尼克森總統更離譜，他將1971年12月18日的史密松寧協議（Smithsonian Agreement），稱為「世界史上最偉大的貨幣協議」，哪曉得一年剛過，這個最偉大的協議就完全解體了。總而言之，每個「解決方案」都比前一個更快消失。

　　為了理解現今混沌不明的貨幣制度，有必要快速回顧二十世紀的國際貨幣發展過程，看看通膨主義者不健全的干預行為，是如何因為自己固有的問題而崩潰，結果又為另一回合的干預製造了舞台。二十世紀的世界貨幣秩序的歷史可分為九個階段，以下讓我們一一探討。

階段一：古典黃金本位，1815～1914

　　在回顧十九世紀到二十世紀初，西方世界的「古典」黃

金本位時，可以將它視為實質與象徵意義上的「黃金年代」
。除了棘手的白銀問題外，全世界採行黃金本位，意謂著每
個國家的通貨（美元、英鎊、法郎等）僅是**名稱**，代表特定
明確**重量**的黃金。舉例來說，「美元」被定義為二十分之一
盎司黃金，英鎊比四分之一盎司黃金少一點點，以此類推。
換句話說，各國通貨間的「匯率」是固定的，原因並非政府
施以武斷的控制，而是因為一磅就等於十六盎司。

　　國際金本位意謂著，使用同一種貨幣媒介的好處將延伸
至世界各地。美國之所以成長繁榮，理由之一就是人民在幅
員遼闊的國土上，只使用**一種**貨幣的緣故；人民在國境之內
使用黃金本位或至少是單一的貨幣本位，無須因為城市或郡
發行自己的貨幣並相對波動而苦惱。十九世紀的人們，體驗
到整個文明世界採用單一貨幣的好處，單一貨幣促成該貿易
或貨幣區域內的貿易、投資和遷徙自由，結果是享受到專業
化（specialization）和國際勞動力分工的果實。

　　在此一定要強調的是，政府並非隨意挑選黃金做為貨幣
本位。許多個世紀以來，黃金逐漸成為市場上的最佳貨幣，
也是最穩定與人民最想要的貨幣媒介。更重要的是，黃金的
供給只受到市場力量影響，和政府是否隨意印鈔票無關。

國際金本位對於檢驗政府的潛在通膨提供了一套市場自動機制，也為各國的國際收支平衡提供了自動機制。哲學家兼經濟學家大衛·休謨（David Hume）於十八世紀中期指出，如果某個國家，比如說法國，膨脹法郎紙鈔的供給量，這時物價上升，以法郎紙鈔計算的所得會增加，再加上進口品的價格比國內的價格相對低，因而刺激了國外進口。同時，國內較高的價格阻礙了出口，結果造成國際收支逆差，而這項差額會以外國拿法郎兌換黃金來支付。黃金外流意謂著法國終究必須緊縮膨脹的法郎紙鈔，以防止失去所有的黃金，如果通膨是以銀行存款的形式，則法國的銀行就必須緊縮銀根和存款，以避免當外國人要求法國的銀行用黃金兌現存款時，導致銀行倒閉。緊縮政策會降低國內物價，於是產生貿易順差而使黃金回流，直到法國和其他國家的價格達到平衡。

的確，十九世紀之前的政府干預減緩了這種市場機制的運作，並造成在金本位架構下出現通膨與蕭條的景氣循環。這些干預尤其包括：政府對鑄幣的獨占、法定貨幣法、紙鈔的發行，以及在各國政府推動下的通膨銀行體系的發展。但即使這些干預行為減緩了市場調節的機制，這些調節還是能全盤掌握狀況。因此，就算十九世紀的古典黃金本位不完美

，而且只容許相當微小的起伏，但它帶來的良好貨幣秩序卻
是全世界前所未見的。在這秩序下的景氣循環不致失控，並
促成自由的國際貿易、匯兌和投資的發展[1]。

階段二：一次世界大戰及戰後

如果古典黃金本位運作得這麼好，那麼又為何會崩潰呢
？原因是，各國政府受託要信守貨幣承諾，確保英鎊、美元
、法郎等永遠可以兌換成黃金，一如它們所控制的銀行體系
所承諾的。失敗的不是黃金，而是人民竟然笨到相信政府會
信守承諾。各國政府為了投入慘烈的一次大戰，不得不膨脹
本國紙鈔與銀行通貨的供給，結果通膨一發不可收拾，導致
參戰國政府均無法信守誓言，只好在參戰不久後「捨棄金本
位」，也等於宣布政府破產。只有較晚參戰的美國，因為沒
有過度膨脹美元供給，而能夠維持其兌換能力。但除了美國
，世界各國都遭遇如今經濟學家歡呼的「自由波動匯率的輪
迴」（如今被稱為「管制浮動匯率」〔dirty floats〕）所導致的

---

1 最近有關古典黃金本位的研究，以及該制度於二十世紀崩潰的初期
  階段的歷史，詳見梅爾丘・帕宜（Melchior Palyi）的《黃金的曙光》
  （*The Twilight of Gold, 1914-1936*, Chicago: Henry Regnery, 1972）。

競相貶值、參戰國通貨聯盟、外匯管制、關稅和配額,以及國際貿易與投資的崩潰。膨脹的英鎊、法郎、馬克等,相對於黃金和美元貶值,世界各地的貨幣一片混亂。

值得高興的是,在這段期間,極少經濟學家會把這種狀況當作貨幣制度的理想狀況。一般認為這第二階段是國際災難的開始,政治人物和經濟學家都四處尋找方法,以回復古典黃金本位的穩定與自由。

階段三:金匯本位(英國與美國),1926～1931

如何回到黃金年代?合理的做法是認知現實,承認英鎊、法郎、馬克等貨幣的貶值,用重新定義的兌換率回復黃金本位,也就是承認現有貨幣供給與物價水準下的兌換率。例如英鎊,在傳統上其重量定義等於4.86美元,但是到了一次大戰結束前,英國的通貨膨脹導致一英鎊在自由的外匯市場上價位跌到約3.5美元。其他通貨的貶值情況也類似。這時英國的合理政策,是以大約3.5美元的價位回到黃金本位,其他面臨通貨膨脹的國家也一樣,如此就可以平順且迅速回到第一階段。可是英國卻做了一個重大決定,依據4.86美元的舊平價回到金本位[2]。這麼做是基於英國的國家「尊嚴」,

並企圖讓倫敦重新成為「強勢貨幣」的世界金融中心,但最終只是白忙一場。為了使這英雄式的愚行成功,英國必須大幅緊縮貨幣供給和物價水準,因為在一英鎊等於4.86美元的天價之下,英國的出口品在世界市場上毫無競爭力可言。但是從政治面來說,通貨緊縮在當時根本不可能,原因是在全國失業保險制度扶持下成長的貿易工會(trade union),已經讓工資率無法再調低了(rigid downward)。此時為了緊縮,英國政府必須將其福利國家的政策轉向;然而事實上,英國還是希望繼續膨脹貨幣和物價。在通貨膨脹以及貨幣被高估的雙重效應下,英國的出口在整個二〇年代一蹶不振,當同時期其他國家正在體驗經濟榮景之際,英國的失業問題卻甚囂塵上。

英國究竟如何自作自受呢?方法是建立一個新的國際貨幣秩序,軟硬兼施地要其他政府採取通膨措施,或是以高估的平價讓其本國通貨回復金本位,如此一來將阻礙自己的出口,同時補貼了從英國進口的貨物。這正是英國採取的做法,從而促成1922年的熱那亞會議(Genoa Conference),目的

---

2 關於英國的重大錯誤,及其後果導致一九二九年的大蕭條,詳見黎翁內・羅賓斯(Lionel Robbins)的《大蕭條》(*The Great Depression*, New York: Macmillan, 1934)。

是創造金匯本位（gold-exchange standard），成為新的國際貨幣秩序。

金匯本位的運作如下：美國仍維持古典黃金本位，可以把美元兌換成黃金。英國和其他西方國家卻回復假的黃金本位，其中英國在1926年，其他國家則約在同時期。英鎊和其他通貨不能用金幣支付，只能用大的黃金條塊，因此僅適用國際交易，如此使得英國和其他歐洲國家的老百姓無法在日常生活中使用黃金，也容許紙鈔和銀行做更大幅度的膨脹。此外，英國不僅將英鎊兌換成黃金，也將它換成美元，而其他國家則不將自己的通貨換成黃金，而是換成英鎊。這些國家大多是在英國的誘導下回復高估的黃金平價，結果造成美國的金價、英鎊對美元的匯率及其他歐洲通貨對英鎊的匯率逐漸上漲，而美元與英鎊在「金匯本位」中成為兩種「關鍵通貨」（key currency）。

英國採取膨脹措施並造成其國際收支逆差，但是黃金本位機制卻沒有迅速發揮作用來限制英國膨脹，原因是其他國家並未將英鎊換成黃金，而是持有英鎊並使它膨脹。如此一來，英國和歐洲就可以肆無忌憚地膨脹，而英國的逆差也在黃金本位的市場紀律下無限攀升；而且英國竟然有辦法誘使美國膨脹美元，以免許多美元準備金或黃金流向美國。

金匯本位的問題在於無法持久，自食其果是遲早的事，而且一定是對冗長的膨脹榮景做出的災難性反應。隨著美、法及其他國家的英鎊餘額攀升，只要對愈來愈岌岌可危的膨脹架構產生一絲信心動搖，就可能導致全面崩盤。這正是1931年的寫照，全歐各地膨脹的銀行經營不善，而「強勢貨幣」的法國企圖將英鎊兌換成黃金，導致英國徹底取消黃金本位，其他歐洲國家也步上英國後塵。

階段四：波動的強制貨幣，1931～1945

現在，世界貨幣又回到一次大戰時的混沌狀態，只不過似乎沒有回復黃金本位的可能。國際經濟秩序分裂，陷入自由浮動（clean）和管制浮動（dirty floating）匯率、競相貶值、外匯管制和貿易壁壘的混亂中，不同通貨與通貨聯盟間爆發了國際經濟與貨幣大戰。國際貿易和投資幾近停滯，貿易係透過相互競爭、彼此衝突的政府間的換貨合約。美國國務卿赫爾（Cordell Hull）一再指出，三〇年代的貨幣與經濟矛盾正是二次大戰的主因[3]。

---

3 赫爾（Cordell Hull）的《回憶錄》（*Memoirs*, New York, 1948）第一
部第81頁。另外請見理查‧葛登內（Richard N. Gardner）的《英鎊

美國繼續實施了黃金本位兩年，到1933至34年間終於放棄古典黃金本位試圖擺脫蕭條，只不過未能成功。美國公民沒辦法再將美元換成黃金，甚至不准在國內或國外擁有任何黃金。不過美國在1934年後依舊採取一種特殊的新型金本位，在這制度下的一美元相當於三十五分之一盎司黃金，外國政府及其央行可以拿美元兌換黃金，換言之和黃金仍是藕斷絲連。此外，歐洲的貨幣混亂，導致黃金流入美國這個相形之下較安全的貨幣庇護所。

三〇年代的混沌與失控的經濟大戰，給世人上了重要的一課：米爾頓・傅利曼（Milton Friedman）和芝加哥學派所倡導的強制貨幣自由波動的貨幣體系，發生重大的*政治瑕疵*（以及經濟問題）。傅利曼主張—— *以自由市場之名* ——將黃金所受的束縛全面鬆綁，讓中央政府以紙鈔做為法定貨幣並完全操控該國通貨，然後建議各國政府容許自己的通貨相對於其他強制貨幣自由波動，並且不要讓自己的通貨膨脹太過激烈。其中致命的政治瑕疵，是將貨幣供給的控制權完全交付給民族國家(Nation-State)，而後祈求國家會有節制地運用這權力。因為權力總是不知節制，包括合法偽造貨幣的權力

與美元的共犯結構》（*Sterling-Dollar Conspiracy*, Oxford: Clarendon Press, 1956），p. 141。

總是會被動用，因此這類計畫顯然太天真，本質上也太過傾
向於國家經濟統治論點。

因此，第四階段帶來的災難、三〇年代全世界的法定紙
幣與經濟大戰，使美國當局將二次大戰的主要經濟戰爭目標
，放在重建可長可久的國際貨幣秩序，期望新秩序下的世界
貿易將重現榮景，而國際勞動力的分工也將結實纍纍。

階段五：不列敦森林與新金匯本位（美國），
1945～1968

1944年中，國際貨幣會議於新罕布什州（New Hampshire）
的不列敦森林（Bretton Woods）召開，此次會議由美國推動
，孕育了新的國際貨幣秩序，後於1945年7月獲得美國國會
通過。雖然不列敦森林制度的運作遠勝過三〇年代的災難，
但充其量也只是二〇年代金匯本位的借屍還魂，而且就像在
二〇年代一樣，這個制度只是曇花一現。

新制本質上還是二〇年代的金匯本位，只不過用粗糙的
手法以美元取代英鎊成為「關鍵通貨」之一。這時一美元相
當三十五分之一盎司黃金，成為唯一的關鍵通貨。另外不同

於二〇年代的是，美國人民不能再拿美元換黃金，而是沿用
三〇年代的制度，規定只有外國政府及其央行能夠拿美元換
黃金。只有各國政府可以，私人是沒辦法拿美元換黃金的。
在不列敦森林制度下，美國以黃金為基礎來膨脹美元（以紙
鈔和銀行存款的形式），而只有外國政府才可拿美元向其兌
換黃金；同時其他政府持有美元做為基礎準備金，並以美元
為基礎膨脹自己的通貨。由於美國在戰後擁有大量黃金存量
（約250億美元），因此要應付兌換黃金的要求還很有餘裕。
此外，這制度之所以能「實行」一陣子，原因是所有的通貨
都是以二次大戰前的平價回到新制，而大多數通貨都因膨脹
和貶值的關係，受到嚴重的高估。即使英鎊的市場購買力遠
低於4.86美元，但經過膨脹卻以該價位兌換。1945年，由於
美元的幣值被人為地低估，而其他通貨則大多被高估，結果
造成美元稀少，全世界籠罩在所謂的美元短缺下，美國的納
稅人被認為有義務透過國外援助（foreign aid）來補足缺口
。簡單來說，美元被低估而導致的貿易順差，部分由倒楣的
美國納稅人以國外援助的形式弭平。

在報應來臨前還有許多通貨膨脹的空間，於是美國政府
便展開戰後一直持續的貨幣膨脹政策，也是此後政府一直快
樂奉行的政策。到了五〇年代初期，美國的通膨逐漸扭轉了

國際貿易的情勢。美國長期膨脹並擴充貨幣與信用，許多歐
洲主要國家的政府在「奧地利（學派）」貨幣顧問的影響下
，採行相對的「強勢貨幣」政策（例如西德、瑞士、法國、
義大利）。高度膨脹的英國在美元外流下，不得不將英鎊貶
值到較趨近現實的價位（有一陣子一英鎊等於2.4美元），加
上歐洲以及其後日本的生產力上揚導致美國貿易持續逆差，
隨著五〇和六〇年代的來臨，無論是絕對或相對地，美國愈
來愈傾向對日本和西歐採行通貨膨脹主義（inflationist）。然
而古典黃金本位對於通貨膨脹的檢驗已經不存在（尤其是美
國的通貨膨脹）。不列敦森林的遊戲規則說，西歐國家必須
不斷增加它們的準備金，而且還要用這些美元準備來膨脹自
己的通貨和信用。

　　就這樣在五〇和六〇年代，西歐國家不得不囤積日益被
高估而非低估的美元，導致他們（與日本）的較強勢貨幣愈
來愈蠢蠢欲動。由於美元的購買力和真實價值下跌，美元愈
來愈不受外國政府青睞，可是美元竟被鎖在一個愈來愈像惡
夢的制度　。在法國和戴高樂的重要貨幣政策顧問，亦即古
典黃金本位經濟學家雅各・胡夫（Jacques Rueff）帶頭抗議
之下，美國只是以輕蔑和粗魯的反駁來回應歐洲的抱怨。美
國的政治人物和經濟學者，一味宣稱歐洲不得不以美元做為

通貨，而且歐洲對日益嚴重的問題束手無策，於是美國可以繼續快樂地採取通貨膨脹，同時對自己的行為對國際貨幣造成的後果，採取「善意忽視」的政策。

不過，歐洲的確有權利用35美元的價位兌換一盎司黃金。隨著美元幣值相對於強勢貨幣和黃金日益被高估，於是歐洲政府開始行使這項權利。黃金本位的檢驗派上用場了，以致在五〇年代初期之後的二十年間，黃金持續從美國外流，直到美國在這段期間的黃金存量，從200億美元驟減到90億美元。美元在黃金基礎愈來愈薄弱之下持續膨脹，這時美國該如何繼續執行不列敦森林制度的基石，讓外國通貨兌換成黃金呢？美國境內的美元和物價持續膨脹，並未因這些問題而減緩，美國仍繼續採取「善意忽視」的策略，結果導致六〇年代後期的歐洲，以加速度囤積了至少八百億市場上充斥的美元（亦即歐洲美元〔Eurodollars，編按：美國本土之外的外國銀行以及美國銀行的境外分行所持有的以美元計價的存款。因多以歐洲各主要城市為大本營，故稱為歐洲美元〕）。為了阻止歐洲人繼續拿美元來換黃金，美國對歐洲政府施以強烈的政治壓力，就像英國哄騙法國等到1931年再兌換龐大的英鎊餘額一樣，只不過這次美國的動作更大。儘管如此，經濟法則總是有辦法追上政府——這就是高高興興採取通膨的美國政府在六〇

年代末的情形。原本被美國的政經首腦推崇為永久且固若金湯的不列敦森林金匯本位制，卻在1968年迅速解體。

階段六：不列敦森林的崩解，1968～1971

隨著國外美元堆積如山而且黃金持續外流，美國發現在倫敦和蘇黎世的黃金自由市場上，愈來愈難將每盎司金價維持在35美元。35美元兌換一盎司黃金是該制度的基石，當美國公民自從1934年被禁止在世界各地持有黃金以來，他國人民卻一直能自由地持有黃金條塊和金幣，因此，歐洲人將美元兌換成黃金的方法之一，是用35美元等於一盎司黃金的價位，將美元在黃金自由市場上出售。隨著美元持續膨脹和貶值，以及美國持續產生貿易逆差的情況下，歐洲人和其他國家的人民開始加速將美元售出，買進黃金。為了讓美元能固守35美元兌換一盎司黃金的價位，美國政府被迫釋出已愈來愈少的黃金，以便穩住倫敦和蘇黎世的35美元價位。

黃金自由市場對美元的信心危機，使得美國在1968年3月對貨幣制度做了根本的改變，重點是讓多事之秋的黃金自由市場不再危害不列敦森林協議，「雙軌黃金市場」（two-tier gold market）於焉誕生。當時的想法是，黃金自由市場

可能會一敗塗地，而且可能與各國央行和政府所採取的**真實**
的貨幣行動產生嚴重隔閡。於是，美國不再試圖將自由市場
的金價維持在35美元，而是忽略黃金自由市場，同時美國和
其他各國政府一致同意，永遠維持美元價位在一盎司黃金等
於35美元。各國政府和央行不再從「外部」市場購買黃金，
也不再在市場上拋售黃金；從今以後黃金只是從一國的央行
轉到另一國，新的黃金供給、黃金自由市場或私人對黃金的
需求都各行其是，與世界性的貨幣協定完全脫鉤。

　　除此之外，美國也大力推行一種新的世界紙鈔準備金，
亦即特別提款權（Special Drawing Rights; SDR），希望最終
完全取代黃金，並由未來的世界準備銀行（World Reserve
Bank; WRB）發行，充當新的世界紙鈔。如果這樣的制度果
真建立起來，美國將可在其他世界政府的合作下，無拘無束
地永遠膨脹下去（唯一的限制只剩下像是全球性的加速膨脹
和世界紙幣崩潰之類的災難）。不過，SDR在西歐與「強勢
貨幣」國家內部引起嚴重爭議，至今只能少量補充美國和其
他通貨準備之不足。

　　從凱因斯學派乃至傅利曼派這些「贊同紙幣」的經濟學
者，至此無不自信滿滿地表示黃金將從國際貨幣制度上消失
，不再成為美元的「靠山」；他們預測自由市場的金價將跌

到35美元一盎司以下，甚至到每盎司10美元的「工業用」
非貨幣黃金價位。實情是，黃金的自由市場價格從未低於35
美元，一直維持在35美元之上，到了1973年每盎司黃金更
攀升到約125美元，這也是贊同紙幣的經濟學者在區區一年
前，連想都想不到的數字。

　　雙軌黃金市場沒能建立起永久性的貨幣新制，只撐了幾
年時間。美國的通膨和逆差依舊。歐洲美元快速累積，黃金
繼續外流，而更高的黃金自由市場價格只證明了世人加速對
美元失去信心。雙軌制快速地步向危機，也終究導致了不列
敦森林的瓦解[4]。

階段七：不列敦森林的結束：波動的強制貨幣，
1971年8月～12月

　　1971年8月15日，正當尼克森總統採行價格—工資凍結
（price-wage freeze），為了抑制通貨膨脹做最後掙扎時，同時
也將戰後的不列敦森林制度帶向崩盤。當歐洲各國的央行終
於威脅要將膨脹的美元存量換成黃金時，尼克森總統徹底取

4　關於雙軌黃金市場，詳見雅各・胡夫（Jacques Rueff）的《西方的貨
　　幣罪惡》（*The Monetary Sin of the West*, New York: Macmillan, 1972）。

消了黃金本位，於是美元在美國歷史上第一次變成完全的強制貨幣，完全沒有黃金為後盾，即使從1933年以來和黃金之間那若有似無的聯繫也不復存在，全世界落入三〇年代的法定制度中。更糟的是，目前連美元都不再和黃金有關連，貨幣聯盟的恐怖陰影、競相貶值、經濟大戰和國際貿易與投資的崩潰日益嚴重，也造成其後的全球性蕭條。

該怎麼辦呢？為了讓缺乏與黃金關連的國際貨幣恢復秩序，美國帶領全世界於1971年12月18日簽訂了史密松寧協議（Smithsonian Agreement）。

階段八：史密松寧協議，
1971年12月～1973年2月

被尼克森總統疾呼為「世界上有史以來最偉大貨幣協議」的史密松寧協議，竟然比二〇年代的金匯本位或不列敦森林更岌岌可危，也更不健全。世界各國再次誓言維持固定匯率制度，但這次卻沒有黃金或世界貨幣做為任何通貨的後盾。此外，許多歐洲通貨相對於美元來說固定在被低估的平價，美國的唯一讓步，只是將美元微幅貶值到38美元兌一盎司黃金。即使貶值得太少也太遲，但終於打破了美國官方開口閉

口就是永遠維持35美元兌一盎司黃金的誓言。如今35美元這個價位,終於悄悄地鬆動了。

即使在更寬的可波動幅度但缺乏世界性的匯兌媒介的情況下,固定匯率制度不可避免地注定在短時間內被擊垮,尤其在美國的貨幣和物價膨脹、美元貶值以及貿易逆差持續創新高下更是如此。

歐洲美元的供給量不斷攀升,加上持續膨脹與移除黃金後盾,導致自由市場的金價上揚至每盎司215美元。隨著美元價位被高估、歐洲與日本的強勢貨幣被低估的態勢日益明顯,美元終於在1973年的2、3月間在世界市場上崩盤,西德、瑞士、法國等強勢貨幣國家無法繼續買進美元,好讓美元維持在被高估的價位。不到一年,史密松寧制度下沒有黃金為後盾的固定匯率制度,就在經濟現實下分崩離析。

階段九:波動的強制貨幣,1973年3月～?

美元崩盤後,世界再度轉變,進入波動的強制通貨制度。西歐聯盟內的匯率彼此關連,美國再次貶低官方的美元價位,到象徵性的一盎司黃金42美元。隨著美元在外匯市場逐日探底,西德馬克、瑞士法郎和日圓扶搖直上,美國當局在

傅利曼學派經濟學者的撐腰下,開始以為這就是貨幣制度的
理想狀態。美元過剩和突發的國際收支危機,確實沒有讓浮
動匯率下的世界感到苦惱,此外美國的出口商開始竊喜,因
為美元貶值使美國貨在國外更便宜,因而造福了出口商。儘
管各國政府堅持干預匯率(管制而非純浮動),但整體而言
國際貨幣的秩序似乎脫離現實,進入了傅利曼學派的烏托邦
。

　　但是沒多久,就證明當時的國際貨幣制度一點也不正常
。長程的問題在於,強勢貨幣的國家將不會永遠作壁上觀,
看著自己的通貨愈來愈昂貴,而自己國家的出口品受傷害,
造福了美國這個競爭者。如果美國的通貨膨脹和美元貶值持
續,這些國家將很快轉向競相貶值、外匯管制、通貨聯盟和
三〇年代的經濟大戰,不過更快發生的是另一種現象:美元
貶值對美國人來說,代表進口品變貴了,而且美國人到外國
旅遊也吃不消;至於外國則是以飛快的速度搜刮美國較便宜
的出口品,導致這些貨品在美國境內的價格上漲(例如:美
國的小麥和肉品價格上漲)。所以說,美國的出口商或許得
了便宜,代價卻是美國消費者承受通膨之苦,隨著美元價位
在 1973 年 7 月的外匯市場上快速崩跌,匯率巨幅波動造成的
不確定立即瘋狂地傳回美國國內。

　　既然美國於1971年8月完全與黃金脫鉤，並於1973年3月建立傅利曼學派的波動法定貨幣制度，因此，美國以及全球遭受有史以來，承平時期最嚴重也持續最久的通貨膨脹，絕不僅是巧合而已。在美元與黃金脫鉤前，凱因斯學派和傅利曼學派分別以自己的方式鍾情於法定紙幣，信心滿滿地預言一旦建立法定貨幣，黃金的市價將快速跌落到非貨幣價位，亦即當時預測的每盎司約8美元。在看貶黃金的情況下，兩派學者堅稱黃金的價位是被強而有力的美元墊高，而不是美元價位被黃金墊高。但是自從1971年以來，每盎司黃金的市價從未低於35美元的固定價位，而且幾乎一直遠高於這價位。在五〇和六〇年代期間，當雅各‧胡夫等經濟學者呼籲以每盎司黃金70美元的價位建立黃金本位時，這價位被視為高到離譜，如今卻被認為低到不行。黃金價位的高漲，顯示美元幣值嚴重縮水，一切都是因為「現代」（modern）經濟學家自以為是，再加上所有黃金後盾都被消除所致。

　　1973年開啟的波動強制通貨時代，所帶來的美國以及世界各地的史無前例的通貨膨脹，已經讓人們的耐心到了極限。大家也厭倦了匯率的極度變動與不可測性。變動正是各國的強制貨幣制度的後果，這種貨幣制度不僅分裂了全世界的貨幣，並在自由市場價格制度的自然不確定性之上，添加了

人為的政治不穩定。傅利曼學派對波動的強制貨幣的夢想成為泡影，因此渴望回復固定　率的國際貨幣制度，這可以理解。

不幸的是，古典黃金本位早就被遺忘，而多數美國人與世界領導者的終極目標，是舊凱因斯版本的全球通用法定紙幣本位，亦即由世界準備銀行（WRB）發行的新通貨單位，無論新通貨是稱為「班克爾」（bancor，凱因斯提議）、「unita」（由二次世界大戰美國財政部官員哈利·戴斯特·懷特〔Harry Dexter White〕提議），或是「phoenix」（《經濟學人》提議），這都不是重點。重點是，即使這樣的國際紙幣因為WRB能夠隨意發行班克爾，並將它們供應給選定的國家，而能免於收支的危機，但卻為全球通膨提供了不受限制的開放管道，完全不受到國際收支危機或匯率貶值所檢驗。如此一來，WRB會成為權力至高無上的判官，決定全世界貨幣供給及應該分配給哪些國家。WRB有能力也有意願讓全世界處在它認為控制得當的通貨膨脹下，不幸的是，這麼一來當全球發生失控的通貨膨脹，導致無可想像的經濟災難時將無力阻擋，除非WRB細部調整世界經濟外別無他法，至於是否具備這種能力，則令人懷疑。

正當全球通用的紙幣與世界央行，仍是全世界親凱因斯

學派領導者的終極目標時，這時比較實際與近似的目標，應該是回到不列敦森林協議下的光輝燦爛的日子，只不過這次少了以黃金為後盾的檢驗。全世界主要國家的央行早就企圖「協調」貨幣與經濟政策、調和通貨膨脹率並固定匯率。歐洲的央行發行的歐洲紙幣似乎即將引起一場戰爭，目標是向容易被騙的大眾宣稱，追求自由貿易的歐洲經濟共同體（European Economic Community; EEC）必然需要一個無遠弗屆的歐洲官僚體系，需要全EEC採行單一稅制，尤其需要一個歐洲央行和一套紙幣單位。一旦成功以後，聯邦準備制度與其他重要國家的央行更緊密的協調便水到渠成，這時，世界央行還會遙不可及嗎？若是這個終極目標無法達成，人類或許很快又會陷入另一個不列敦森林惡夢，加上伴隨而來的國際收支危機，以及隨著強制貨幣下的固定匯率制度而來的格雷欣法則。

面對未來，美元和國際貨幣制度的前景的確晦暗不明。除非以切合實際的金價回到古典黃金本位，否則國際貨幣制度注定在固定和浮動匯率之間來回擺盪，每個制度都有一堆無法解決的問題，而後運作不良終至解體。促使解體的，將會是美元供給的持續膨脹，從而導致美國物價上漲，而後者完全沒有減緩的跡象。未來美國的通膨速度將愈來愈快終至

無法收拾，伴隨著貨幣崩潰和跨國的經濟大戰。想改變未來
，唯有全盤改變美國和世界貨幣制度——回到例如黃金的商
品貨幣自由市場，並將政府完全從貨幣制度中移除掉。

百分之百黃金本位制
的論述

The Case for a 100 Percent Gold Dollar

前言

　　這篇論文出版之時,也就是將近三十年前,美國正處於不列敦森林體系(Bretton Woods system)之中,這個體系是1945年由美國及英國政府強迫推行到全世界的凱因斯學派的國際貨幣體系。不列敦森林體系是國際美元本位(international dollar standard)喬裝成「黃金本位」(gold standard),以便將全球最古老也最穩定的貨幣——黃金——的良好聲譽借給日漸膨脹且貶值的美元。但是這個二次大戰之後的體系,只是黃金本位的可笑模仿版。在一次大戰前的「古典」黃金本位中,每一個貨幣單位,不論是美元、英鎊、法郎、或是馬克,都是被定義為某單位重量的黃金。因此,「美元」的定義是大約二十分之一盎司的黃金,而英鎊則是定義為略少於四分之一盎司的黃金;因此,就以黃金重量的比率,固定了這兩種流通貨幣(以及與其他流通貨幣)之間的匯率[1]。

　　由於每個國家的貨幣都被定義為代表一定重量的黃金,因此法郎紙鈔或美元紙鈔,或者是銀行存款,其發行人(不

---

[1] 兩種幣別黃金重量的精確比率,可算出英鎊相當於4.86656美元。

管是政府或是銀行）都必須保證其面值所代表的那部分重量
的黃金是可贖回的。具體來說，這些政府或銀行的貨幣是可
以應要求兌換回金幣的，因此一般大眾能夠在日常交易中使
用黃金，並且可以嚴格監督過度發行貨幣的企圖。以黃金為
基礎的紙鈔或是銀行信用，如果想要增加發行數量，會受到
嚴格的限制：貨幣持有者無論是這個國家的公民或是外國人
，都能夠要求將這些債權兌換回黃金。

在這樣的體系下，舉例來說，如果法國膨脹法郎的供給
（不管是紙鈔或是銀行信用），在黃金的基礎上不斷增加法郎
的數量，則這些增加出來的法郎貨幣供給與所得，將會推升
法國商品的價格，使得外國商品的相對競爭力提高，法國的
進口就會增加，出口就會減少。為了支付國際收支的逆差，
法國的黃金就得流出國外。但是黃金外流會對已經頭重腳輕
的法國銀行體系施加壓力，使得黃金基礎逐漸縮小的貨幣倒
金字塔，被迫要支撐更多數量的法郎紙鈔，造成頭更重腳更
輕。無可避免地，法國金融體系將面臨破產，必須立刻緊縮
，促使法國物價下降，因而反轉黃金外流的狀況。

以這樣的方式，雖然古典的黃金本位制度無法防止因貨
幣及銀行信用膨脹所造成的景氣波動循環，但至少這個制度
讓通貨膨脹和景氣循環受到緊密的監控。

然而，不列敦森林體系是1920年代英國引導的「金匯本位」（gold exchange standard）制度的延伸，它與古典黃金本位制度非常不同。在該體系下，美元定義為三十五分之一盎司黃金，然而，只有外國政府與外國的中央銀行可以將美元兌回大條的黃金金塊。除此之外，沒有任何地方可以兌換黃金（確實來說，沒有任何個人或廠商可以兌回金幣或金塊）。事實上，美國公民根本就不被允許擁有或持有黃金，無論是在國內或國外，只允許硬幣收藏家、牙醫和工業用途，可以持有非常少量的黃金。二次大戰後，其他國家的所有貨幣都不再用黃金定義，也不可以兌回黃金；取而代之的是，這些貨幣以美元來定義，美元因而成為支撐法郎、英鎊和馬克的貨幣準備，這些國家的貨幣供給也轉而建立在美元基礎之上。

這個體系在1940及1950年代期間，對美國的政策制定者而言，表面上是帶來了繁榮。美國可以發行更多紙鈔及信用美元，而只有很小幅的物價上漲。因為當美元供給增加，美國會發生通膨國家會產生的國際收支逆差，此時，其他國家則累積起美元餘額，但卻無法像1914年以前那樣拿它兌換黃金。反而，這些國家只能累積愈來愈多的美元，以這些美元為基礎創造出更多的法郎、里拉……等等。以前是每個國

家在黃金的基礎上增加自己貨幣的發行量，然後受到其他國
家要求換回黃金的嚴格限制，如今這些國家是在美元供給增
加的基礎上膨脹自己的貨幣發行量。美國因而能夠「輸出通
貨膨脹」到其他國家，將物價上漲移轉給其他國家，以抑制
自己的物價上升。

　　不列敦森林體系，受到主流的「總體經濟學家」（
Establishment "macroeconomists"）及金融專家的歡迎，認為
是健全、高尚而且是永恆的體系。一些真正的黃金本位擁護
者，被人嘲弄為「黃金迷」（gold bugs）、怪人、尼安德塔人
。即使這是個很小的黃金擁護團體，也被分為兩部分：占多
數的「史帕爾派」（Spahr group）是這篇論文討論的重點，
它堅持不列敦森林體系在一個面向上是正確的：黃金的確是
每盎司35美元，因此美國應該以這個兌換率回歸黃金本位。
執著於固定兌換率的重要性，受到這執著的誤導，史帕爾派
忽略了貨幣世界從1933年以來已出現了極大變化，事實上，
1933年所定義的美元價值三十五分之一盎司黃金，早已不適
用於從那一年起就已經拋棄了金本位的美國。[2]

　　在1960年代，黃金本位擁護者的較少數派，幾乎全是偉
大的奧地利學派經濟學家米塞斯（Ludwig von Mises）的朋
友及其追隨者。米塞斯本人，以及著有《一課經濟學》的赫

茲利特（Henry Hazlitt）、戴高樂（DeGaulle）將軍的主要經
濟顧問胡夫（Jacques Rueff）、海爾培林（Michael Angelo
Heilperin）等人指出，當美元不斷膨脹，每盎司35美元已變
成極為低估的兌換率；黃金的價值以美元或其他通貨計算，
都要高出許多。米塞斯派主張，美國應該以符合實際的、更
高的兌換率，回歸到真正的黃金本位。這些奧地利學派經濟
學家，因為提到黃金的價值可能高達每盎司70美元，而被所
有其他學派的經濟學家及財經作家嘲笑。米塞斯派預測，不
列敦森林體系將會瓦解，因為相對強勢通貨的國家，體認到
美元的持續貶值，將會開始破壞不列敦森林非正式的君子協
定，堅持要求將美元兌回黃金，而美國並未擁有這些黃金。

　　對於不列敦森林體系唯一的其他批評者，是來自於不斷

---

2 實際上，如果史帕爾派真的堅持要用固定兌換率，他們就應該主張
　回歸到每盎司20美元，這是在1933年羅斯福總統開始竄改黃金價格
　之前，存在已久的兌換率。「史帕爾派」包括兩個組織：以紐約大學
　華特・史帕爾（Walter E. Spahr）教授為首的「經濟學家的貨幣政策
　全國委員會」（Economists' National Committee on Monetary Policy）；
　以及一群外行人組成的「黃金本位聯盟」（Gold Standard League），
　以飛利浦・麥肯納（Philip McKenna）為首。亨利・赫茲利特（
　Henry Hazlitt）主張以高很多的價格（亦即很低的重量）回歸黃金本
　位，史帕爾因為這樣的異論，將赫茲利特逐出「經濟學家的貨幣政
　策全國委員會」。

茁壯的主流經濟學家（Establishment economists）的派別
—— 以米爾頓・傅利曼為首的貨幣學派（Friedmanite
monetarists）。雖然貨幣學派也看到了在貨幣膨脹程度不一的
世界　，固定兌換率可能會帶來貨幣危機，但是他們甚至比
他們的對手凱因斯學派（Keynesians），更藐視黃金。這兩個
團體都支持強制紙鈔本位制（fiat paper standard），但凱因斯
學派要的是以黃金來遮掩的美元本位，而貨幣學派則摒棄這
樣的遮掩、放棄所有國際貨幣、只單純使用各國的「強制紙
幣」（fiat paper money，譯註：由國家許可，不可兌換的紙鈔貨幣）
，而各國貨幣之間的匯率則自由波動。簡而言之，傅利曼學
派傾向於放棄對於世界貨幣的追求，回復到國際以物易物的
制度。

　　凱因斯學派和傅利曼學派都認為黃金迷是史前恐龍，早
已過時。米塞斯和他的追隨者堅持黃金是紙鈔發行的支柱，
而主流的凱因斯和傅利曼學派的主張恰恰相反：是健全且堅
實的美元賦予了黃金價值。兩派團體都主張，黃金做為一種
貨幣金屬是毫無價值的，他們異口同聲地說，如果美元擺脫
與黃金之間的人為關聯，我們將看到的是黃金會跌回到只剩
下非貨幣的價值，估計大約是每盎司6美元。

　　人類的事務，沒有辦法進行真正的實驗室實驗，但是在

1968年我們曾經有過非常接近實驗室實驗的經驗，在1971年則有更決定性的經驗。當時有兩種預測，一個是肯定的，一個是反方的預測：米塞斯派的陳述是，如果美元與黃金脫鉤，在愈來愈膨脹的美元環境下，黃金價格將愈來愈高；而大多數的經濟主流派，從傅利曼到薩謬爾森（Paul Samuelson），甚至連前米塞斯派如弗里茨‧馬克盧普（Fritz Machlup）也主張，如果兩者切割開來，黃金的價格會從每盎司35美元暴跌到每盎司6美元。

宣稱可以永久存在的不列敦森林體系，在1968年瓦解了。在倫敦和蘇黎世的黃金自由市場上，黃金價格維持在每盎司35美元以上；雖然美國財政部承諾要將黃金價格維持在35美元，卻逐漸發現，刻意壓低黃金價格已造成黃金外流。歐洲人和其他外國人了解到，由於美國財政部的這項承諾，實際上就是可以用每盎司35美元將美元兌換成金塊。由於他們看到美元真的沒有那麼高的價值，而黃金的價值卻是高得多，因此這些外國人加速以美元兌換回黃金。最後，在1968年，美國及其他國家同意放棄大部分的不列敦森林體系，建立「雙軌」黃金制度（ "two-tier" gold system）。各國政府及央行彼此之間像過去一樣，維持每盎司35美元的兌換率，但是，他們將自己與惱人的黃金自由市場隔絕開來，讓黃金價

格在市場上任意漲跌。然而，殘存的不列敦森林體系在1971
年還是瓦解了。逐漸地，強勢貨幣國家像是西德、法國及瑞
士，對於不斷貶值的美元憂慮日增，開始打破君子協定，堅
持要將他們持有的美元兌換回黃金，因為他們是有權這麼做
的。但是，一旦大多數的歐洲國家不願再以貶值的美元為基
礎去膨脹自己的貨幣，反而要求換回黃金，無可避免地整個
體系就瓦解了。在1971年8月15日，美國尼克森總統以相當
於宣布國家破產的方式，讓美國擺脫殘存的黃金本位制，終
結了不列敦森林體系。

　　因此，黃金及美元的脫鉤是以兩個階段完成的。從1968
年到1971年，各國政府及其中央銀行在彼此之間維持每盎司
35美元的兌換率，並容許一個價格自由波動的民間黃金市場
存在。而1971年起，連每盎司35美元的兌換率也放棄了。

　　那麼，實驗室的實驗結果如何呢？經濟主流派的所有預
測都槓龜了，他們與米塞斯派之間完全無須爭辯：自由市場
上的黃金價格從未低於35美元。事實上金價一直穩定地上漲
，在1971年之後，金價還遠高於曾被嘲笑為荒謬的70美元
高價[3]。事實很清楚，米塞斯派的預測被證實是一個光榮的
勝利，而凱因斯派和傅利曼派的預測，被證明是天大的錯誤
。大家可能會問，宣稱同意「科學即是預測」的主流派反應

如何呢？還有傅利曼喜歡指控奧地利學派在實證測試上會失敗，他的反應又是如何？他或是他們這些人，是否很有風度地承認錯誤，並讚揚米塞斯及其追隨者的預測正確呢？問題的本身就是答案。

在沒有任何國際貨幣之下，固定匯率制度經過極不成功且為期很短的實驗之後，從1973年春天開始，全世界成為一個由各國的強制貨幣組成的貨幣學派天堂。將近二十年的匯率動盪、和平時代空前的高通膨、國際貨幣的消失，使經濟主流派感到幻滅，並引發了對於一度被認為失敗的不列敦森林體制的懷念。大家可能會認為，這世界應該厭倦了在使用紙鈔的固定匯率與變動匯率的種種弊病中搖擺，會回歸到古典的、比較好的百分之百黃金本位制。然而，到日前為止，我們沒有看到有任何回復黃金本位制的跡象。在貨幣領域內黃金的唯一希望，除了美國出現失控的通貨膨脹外，是在解

---

3 曾有一度，黃金價格來到每盎司850美元，現在則是在350美元上下徘徊。雖然黃金迷們對於黃金未能更進一步上漲覺得鬱卒，但即使是這個「不振的」價格，也是十倍於過去宣稱會永遠的每盎司35美元。黃金市價不斷上漲有一項副作用，就是確定了史帕爾派的完全絕跡。三十五美元的黃金現在不只是法律上的虛構；它完全被埋葬了。現在我們可以放心地說，沒有任何思想學派會想要讓它復活了。

體的蘇聯中尋找可轉換成黃金的通貨。俄羅斯人可能已經發現，現在幾乎毫無價值的盧布，可以靠回歸到真正的黃金本位獲得拯救；俄羅斯龐大的貨幣金屬庫藏能夠堅實有力地支撐黃金本位制。如果真的這樣，在貨幣領域，俄羅斯最後可能很諷刺地引導西方國家走向真正自由市場的貨幣體制。

1962年時，有兩種無庸置疑的信念被整個經濟主流派所接納。一種是主張永久使用紙鈔，並取笑所有關於黃金本位的言論。另一種則是一個盲目的信念，認為在「新政」（New Deal）期間，由於聯邦政府施行存款保險架構因而得以存活的美國金融體系，就像直布羅陀的岩石一般穩固；若有人認為美國的部分準備（fractional-reserve）銀行制度可能是不健全或甚至是危險的，都會被認為是怪人、尼安德塔人，甚至比要求回歸黃金本位的人還要怪、還要原始野蠻。再一次地，主流派的凱因斯派與傅利曼派，以同樣的熱心為聯邦存款保險制度和「聯邦存款保險公司」（FDIC, Federal Deposit Insurance Corporation）背書，即使傅利曼派原本堅持主張市場經濟與免除各種管制、補貼或保證。我們這些對「部分準備銀行制度」提出危險警告的人，不過是荒漠中的吶喊。

再一次地，在受到干預的數十年間，情況有了巨大的變

化。首先,在1980年代中期,在俄亥俄州及馬里蘭州,由民
間的存款保險機構承保的採部分準備制的儲貸銀行(S&L,
Savings and Loan banks),因為大規模的銀行擠兌而崩潰了。
但是在這之後,1980年代末,整個儲貸銀行體系破產了,緊
急紓困的金額達到數千億美元。問題不單單是一些涉及不健
全放貸的銀行,而是大部分的儲貸銀行體系都有問題。結果
造成聯邦政府經營的「聯邦儲貸保險公司」(FSLIC, Federal
Savings and Loan Insurance Corporation)宣告破產與清算。
「聯邦儲貸保險公司」之於儲貸銀行,就像是「聯邦存款保
險公司」之於商業金融體系;如果「聯邦儲貸保險公司」的
「存款保險」被證明是沒有用的裝飾品,那麼長期受到吹捧
的「聯邦存款保險公司」也可能是如此。的確,若不是以納
稅人的錢一再地挹注,「聯邦存款保險公司」在一連串的財
務壓力下很可能就破產了。「聯邦存款保險公司」其準備金
與所保障的存款,這個比率的「安全」水準據稱是1.5%,
然而現在下降到約0.2%,而這一直都是關注的焦點。

此處的重點是,市場心理與大眾心理已發生了根本上的
變化。相對於過去的無知與不假思索的信心,現在每個人至
少都了解「聯邦存款保險公司」是有崩潰的可能。在可能不
久的未來某個時點,可能是下次的衰退,或是銀行呆帳的爆

增，那時社會大眾可能會頓然醒悟 1.5% 也不是非常安全，根本就沒有一個安全水準可以防範像山崩般的銀行擠兌。到那時，不管經濟主流派平常是如何虛偽的保證加上甜言蜜語，商業銀行都有可能陷入終極的危機。美國政府當局到時候將面臨兩個殘酷的抉擇。一個是讓整個金融體系瓦解，連同體系內所有的存款和存款人一起崩潰。基於美國政客及他們「大到不能倒」（too big to fail）這個眾所周知的哲學，可以確定的是他們將被迫擁抱第二個選擇：大規模、惡性通貨膨脹式地印製足夠的鈔票去支付全部的銀行債務。這些現金重新存入金融體系內，將會產生立即失控的通貨膨脹，以及大量拋售美元。

這樣的未來景象，以前可能很難想像，現在已清楚浮現了。也許當這個困境真的發生，會使大家注意到黃金，以及建立起以重新估價的黃金為基礎的「百分之百準備」銀行制度。

以某種意義而言，百分之百準備的銀行制度現在是比 1962 年時容易建立。在我最初的論文中，我呼籲銀行開始發行不同天期的債券，讓一般大眾可以購買，作為真正儲蓄（不是詐欺或膨脹的）的收益工具。原先，每個存款人都相信他們總共有十億美元的存款，而實際上他們加起來只有對一

億美元準備金的請求權;但根據我的提案,錢只會存入銀行
、借給銀行一段期間,然後銀行把這些存款轉貸出去賺取利
差,在到期時銀行還錢給存戶。而大部分人誤以為商業銀行
現在就是這麼做的。

　　然而,從1960年代起,這個體系已經廣泛地銷售「定期
存款」(CDs, Certificates of Deposit)。現在每個人都很熟悉
「定期存款」,而比起三十年前,「活期存款」(demand
deposits)如今已可很容易地轉為定期存款。此外,在1970
年代後期,「貨幣市場共同基金」(MMMF, money market
mutual funds)在商業銀行體系之外,創造出另一個隨時可用
且被廣泛使用的儲蓄方式。藉由這些工具,儲蓄也被導入成
為借給企業的短期信用,同樣無須創造新貨幣或造成景氣循
環。金融體系現在也比過去容易從「部分準備」轉為「百分
之百準備」。

　　實施「百分之百黃金本位制」的條件,現在比起數十年
前要成熟許多,但不幸的是,許多以前米塞斯派的學者卻脫
隊了。在二十世紀,太多經濟學家背離了黃金本位,產生了
許多怪異的主張,並獲得相當的支持,例如:每個人都可以
發行他自己的「本位貨幣」;把貨幣作為交易媒介的功能和
作為記帳單位的功能切割開來;由政府定義一套商品指數,

等等。[4]尤其怪異的是，那些宣稱要捍衛自由市場經濟的經
濟學家，必須如此百轉千迴地迴避一個明白的事實：黃金這
種稀少又有價值的金屬商品，一直是（未來也會是）人類社
會中最佳的貨幣。

莫瑞・羅斯巴德

內華達州，拉斯維加斯市

1991年9月

---

4 對這些計畫的評論，請見 Murray N. Rothbard, "Aurophobia, Or: Free
  Banking On What Standard?", *Review of Austrian Economics* 6, no. 1
  (1992): and "The Case for a Genuine Gold Dollar," in Llewellyn H.
  Rockwell, Jr., ed. *The Gold Standard: An Austrian Perspective*
  (Lexington, Mass.: Lexington Books, 1985), pp.1-17.

一、百分之百黃金本位制的論述

在現今這個時代,要主張完整的、不受約束的黃金本位制度,是要冒著被歸類為史前巨鳥的風險。1933年,羅斯福政府宣布美國放棄黃金本位制度時,美國大多數的經濟學家都反對這項行動,並主張立即回復黃金本位。現在黃金被視為是可笑的過時之物、部落時代崇拜的遺跡。黃金在國際貿易上的確仍保有一定的尊崇地位:因為是絕佳的國際貨幣,黃金作為對外貿易的媒介,是可以獲得支持的。但是雖然對外貿易很重要,我寧可選擇更為困難的國內戰場,爭取在本國和國外都採用真正的黃金本位。然而,我不會加入目前這群堅忍的黃金本位擁護者,他們的要求是回復到1933年之前的狀態。雖然和現在相比,那是好得多的貨幣制度,但我希望能夠證明,它根本不夠好。黃金本位到了1932年時已經偏離純粹很遙遠,遠離它能夠以及應該有的樣子,使得它的弱點成為1933年終於走到崩潰的主要原因。

二、貨幣與自由

經濟學無法單靠自己建立一套道德體系,雖然它為建立

這種體系的人提供了許多的資料——就某種意義而言，大家都用這些資料來做決策。因此在提倡政策時，經濟學家有責任告知讀者或聽眾，他們的道德立場是什麼。我可以毫不猶豫地說我自己的政策目標是建立盡可能廣泛及純粹的自由市場，也就是過去所說的「自由放任」（laissez faire）。為此，我有許多理由，經濟的與非經濟的都有，我顯然無法在此詳述。但是我認為這樣的強調很重要，就是在架構貨幣政策時絕對必須要做的是，在最廣泛周延的意義上，找出與自由市場真正相容的政策。這不只是一項道德原則，也是經濟的原則；對一個經濟學家來說，看到自由市場在其他所有的領域都運作得極好，在貨幣領域要放棄自由市場之前，他至少應該會遲疑很久。

　　我了解這不是大家通常會採取的立場，即使是在最保守的經濟圈子。因此，在「美國商會」（United States Chamber of Commerce）手冊，談論「美國競爭企業經濟」（American Competitive Enterprise Economy）的系列幾乎在第一句就宣稱：「貨幣是政府說了算」（Money is what the government says it is.）。幾乎大家都相信，至少貨幣是無法自由的；必須要受到政府的管制、規範、操控及創造。這一點我稍後會有較嚴格的經濟評論，我們應該要銘記在心，在任何已超越了

原始「以物易物」階段的市場經濟中，貨幣都是該經濟體系的中樞神經。因此，如果國家能夠不受質疑地管控所有的記帳單位，那麼國家就掌控了整個經濟體系以及整個社會。它將能夠悄悄地、有效地把財富加給自己和它所偏愛的團體，而且不會招來課稅常引起的憤怒。自從古代國王開始把硬幣不斷地偷工減料，國家就學到了這一招。

三、美元：是獨立的名稱或是重量的單位？

「如果你喜歡自由市場，那為什麼你會說政府應該要固定黃金的價格？」還有，「如果你希望美元與一項商品連結，為什麼不是一籃子的市場商品，而是只與黃金連結？」這些是偏好黃金本位的自由人主義者（libertarian），經常被問到的問題；但是這些問題的架構，透露出對貨幣及黃金本位的本質一個基本上的誤解。這類問題以及幾乎所有對貨幣主體的當前思維，一項關鍵性的隱含假設都是「美元」是獨立存在的實體。如果美元真的是存在的實物，可以在市場上買、賣及訂價，那麼以美元「固定住黃金價格」就真的變成是單純的政府干預行為。

當然，在今日世界中，對於美元是獨立的實體這個事實

並無疑義，就如同英鎊、法郎、馬克以及葡萄牙幣。如果這就是全部，而且如果我們只是接受這種獨立性的事實，不再深究，那麼我也能高高興興地加入傅利曼、伊格（Leland Yeager）及其他芝加哥學派教授的行列，要求這些獨立國家的政府不再專斷地固定住該國的匯率，並要求允許外匯市場自由浮動。但是重點在於，我認為這些國家的貨幣不應該是獨立的實體。它們不應該的原因，是基於貨幣和市場經濟的要素與本質。

市場經濟與現代世界勞動分工體系的運作方式是這樣的：生產者供應商品或服務、出售換取貨幣；然後用貨幣去購買所需的其他商品或服務。我們如果以一個純粹「自由放任」的假設世界來看，在這個假設世界中，市場自由運作而政府根本不干預貨幣領域。個人要取得商品與服務所需的貨幣，必須靠出售商品來換取，這在這個體系中將是個人取得貨幣的唯一方法。這個過程是這樣的：生產→「購買」貨幣→「出售」貨幣換取商品。

對那些主張獨立紙鈔同時也擁護自由市場的人，我要提出一個簡單的問題：「為什麼你們不捍衛每個人有不受限制的自由權可以製造美元呢？」如果美元真的是一個存在的實體，為什麼不能像生產製造麵粉或嬰兒食品一樣，讓每個人

都能製造美元呢?很明顯,貨幣一定有其特別之處。因為如果每個人都有權可以印製美鈔,則每個人都會無限制地印製,因為比起可以印出幾乎是無限大數量的紙鈔,印製成本是微乎其微的。很明顯地,整個貨幣體系將會完全崩潰。如果美元紙鈔要成為「本位」貨幣,那麼幾乎每個人都會承認政府必須介入,並取得創造貨幣的強制獨占權,以便抑制美元紙鈔無止盡的增加。每個人都能自己印製美元這件事還有一個問題:因為那樣一來,從商品生產經過「購買」貨幣,再到「出售」貨幣換取商品,這樣的流程鏈將會被打破,任何人都可以不用先從事生產,就能創造貨幣。他不用生產就能消費。因此,他是從真正的生產者手中,奪取了這個國家的產出成果。

然而,政府對創造美元擁有強制獨占權,並不能解決全部的問題,甚至還製造出新的問題。例如,要用什麼來防止政府恣意創造貨幣,以及用此特權來圖利自己和它偏好的人呢?同樣地,非生產者(政府)可以不用生產就能創造貨幣,它獲得的資源是要犧牲生產者的。尤有甚者,政府一向以來的紀錄無法讓人相信他們不會也做同樣的事——甚至做到發生惡性通膨,或是導致貨幣崩潰的程度。

從歷史上來看,為什麼相對自由的市場從不擔心人民瘋

狂設立貨幣工廠，印製無限量的貨幣？如果「貨幣」真的代
表美元、英鎊、法郎，那麼這肯定已經是問題了。但是這問
題的核心在於：在純粹的自由市場上，貨幣不是也不能代表
那些紙條的名稱。貨幣代表一項特定的商品，原先在市場上
有其他用途，由於它特別好用又是可以買賣的商品，於是漸
漸被市場選出來作為交易的媒介（medium for exchange）。在
純粹的自由市場上沒有人印製美元，因為實際上沒有美元這
種東西，只有商品，像是麵粉、汽車、黃金等等。在以物易
物的交易中，商品彼此交換，然後逐漸地，一項特別暢銷的
商品常常被用來作為交易媒介。最後，它變成普遍使用的媒
介，變成一種「貨幣」（money）。我無須再敘述一次大家已
熟悉的精采故事，就是市場放棄牛隻、魚鉤及鐵鋤之類的商
品貨幣之後，選上了黃金和白銀的過程。我也不需要詳述黃
金和白銀所擁有的獨特品質，以致市場選擇了它們──那些
特質是所有談貨幣的教科書最喜歡談的：很高的流通性、耐
久性、可攜性、辨識度、及同質性。就像其他的每種商品一
樣，黃金的「價格」是看它能買到多少個其他商品而定，也
根據它本身的供給與需求而定。由於黃金和白銀的需求很高
，而和需求比起來，它們的供給則較少，以其他商品來計算
，它們每一單位的價值很高──這是貨幣最有用的一種屬性
。這個稀少性，再加上高耐久性，意味著每年供給的波動必

然很小——這是商品貨幣另一個有用的特性。

在市場上商品是以單位重量進行交易，黃金和白銀也不例外。當有人出售銅去買黃金，然後去買奶油，他出售的是幾「磅」的銅，得到幾「盎司」或「公克」的黃金，然後去買幾「磅」的奶油。因此，在自由市場上，貨幣單位——國家計帳的單位——的出現是作為商品貨幣的重量單位，例如白銀盎司（silver ounce），或黃金公克（gold gram）。

在自由市場上出現的這個貨幣體制中，沒有人可以憑空創造出貨幣，然後從生產者手中拿走資源。要得到貨幣，只能用自己的商品或勞務去購買。這項規則的唯一例外是金礦開採者，他們可以生產出新的貨幣。但是他們必須先投入資源在探勘、挖礦及運輸一項特別稀少的商品上。此外，黃金開採者也很有生產力地增加了世界上非貨幣用途的黃金存量。

讓我們假設黃金已經被市場選擇作為交易的普遍媒介，而計算的單位是黃金公克（gold gram）。完全的貨幣自由對個人而言，後果是什麼呢？個人如果擁有印製自己貨幣的自由權，在我們這個強制紙幣時代，顯然會成為大災難。首先，我們得先記住，黃金公克是貨幣的單位，「美元」、「法

郎」、「馬克」這些會貶值的名稱並不存在，也從來沒有存在過。假設我決定放棄緩慢、困難的貨幣生產或是貨幣開採過程，而決定要印製自己的貨幣。我要印製什麼呢？我可能是製造一張紙條，在上面印上「10羅斯巴德」。然後我可能宣稱這張紙條是「貨幣」，到一家商店用我的「羅斯巴德」購買日常用品。在我所主張的純粹自由市場上，我或是任何其他人都會有完全的權利可以這麼做。必然會產生的結果會是如何？很顯然地，沒有人會對「羅斯巴德」投以關注，它會被當作是傲慢自大的笑話。對於任何「瓊斯」、「布朗」或任何其他人印製出的紙條，都是如此。我們應該很清楚了，問題不單單只是很少人聽過我的名字。如果通用汽車公司想要用印有「50 GMs」的紙條支付工人薪水，對這些紙條的反應將會很冷淡。沒有一張這類的紙條會成為貨幣，全部都會被視為是一文不值，除了骨董收藏家之外。這就是為什麼可以印製貨幣的完全自由權，在純粹自由市場上會是完全無害的：因為沒有人會接受這些放肆自大的紙條。

那麼為什麼不讓匯率自由波動呢？就讓匯率在我們完全自由的市場上自由波動，就讓「羅斯巴德」、「布朗」和「GMs」隨著它們能換到黃金的比率，或隨著彼此交換的比率波動吧。問題是它們永遠也無法達到這個崇高的境界，因為

人們永遠也不會接受它們在交易時當作貨幣，因此匯率問題也將永遠不會發生。

因而，在一個真正的自由市場上，將會有自由波動的匯率，但是只有在真正的商品貨幣之間；紙鈔名稱的貨幣可能永遠也得不到足夠的支持可以進入這個領域。尤其是，因為黃金與白銀在歷史上一直是領導的商品貨幣，黃金和白銀可以都是貨幣，可以在自由波動的交換率下被交換。不同社群的人，會選擇其中一種貨幣作為他們計算的單位。

因此，無論是用什麼樣的名稱，「羅斯巴德」、「瓊斯」或是「美元」在自由市場上都不可能形成貨幣。那麼，像是「美元」和「披索」這類的名稱，是怎麼來的？是憑本身的條件作為獨立貨幣出現的嗎？答案是「這些名稱都是源自一種商品貨幣，如黃金或白銀，的重量單位」。簡而言之，它們不是以純粹的名稱開始的，而是特定商品貨幣的重量單位的稱謂。英國英鎊是一個特別引人注目的重量起源案例，英鎊最初是這樣開始的：一英磅重的白銀貨幣。而「美元」是十六世紀一盎司重的白銀硬幣普遍使用的稱謂，這些白銀硬幣是由一個住在「賈奇姆斯塔」（Joachimsthal）的波西米亞人施立克伯爵（Count Schlick）所鑄造的，而他所鑄造的這種聲譽良好的銀幣，後來名為「賈奇姆斯塔勒」（Joachimsthaler）

或簡稱為「塔勒」（thaler）或 dollar（美元）。即使經過了「降低成色」、「改版」及重量操控，直到它們愈來愈成為獨立的名稱，經過漫長的過程，直到美國在1933年脫離黃金本位時，它們仍然維持是硬幣重量的單位名稱。簡而言之，若說1933年之前黃金的價格是以美元固定其價格，這是不正確的。真實的情況反而是：美元是被定義為重量的單位，大約一盎司黃金的二十分之一。美元不是設定等於特定重量的黃金；它就是那個重量，就如同所有的重量單位，例如一磅的銅是16盎司的銅，並不是由某些人或機構專斷地「設定」為16盎司。因此，貨幣單位一直都是某種商品貨幣的重量單位，我們現在所知道的獨立貨幣的名稱，過去就是重量的單位名稱。

當然，經濟學家承認我們現代的國家貨幣最初是從黃金與白銀來的，但是他們傾向於將這個過程當作是歷史上的偶然，而慶幸著如今已經擺脫它了。但是，米塞斯在他的邏輯逆推理論中明白顯示，以邏輯上而言，貨幣只會起源於非貨幣性商品，經過市場的物競天擇，而成為最普遍的交易媒介。貨幣無法來自於一個新的「強制」（fiat）名稱，不管這個「強制」是出自政府命令或是任何形式的社會契約。他基本的推理是：在任何特定的某日（X），貨幣的需求和供給決定

了X日的貨幣單位購買力;而當日的貨幣單位購買力的前提是前一日（X-1）的購買力要存在。因為市場上的其他每種商品,本身都是有用的,貨幣（或是一種貨幣性商品,在此以只作為貨幣用途的嚴格定義討論）只有在交換其他商品或勞務時才有用。因此,和其他所有商品不同的是,貨幣,因其用途與需求,必然依賴之前存在的購買力。這個命題是真的,因為在貨幣存在的任何一天,我們可以將這個邏輯往前逆推回去,推到最後我們會發現,貨幣性商品在貨幣出現之前的時代必定是有用途的,也就是,在以物易物的時代。

我要特別在此澄清,我並沒有說,強制貨幣（一度因黃金的崩潰而建立）本身無法永遠持續下去。很不幸的,像洛林（J. Laurence Laughlin）這樣的「超本位主義者」（ultrametallist）他們是錯的;如果強制貨幣無法永遠存在,那我就不必在此請求廢止它了。

四、從「重量」到「名稱」:獨占鑄幣權

1931至1933年的劫難,全球放棄黃金本位制,不是從黃金重量到紙幣名稱的突然變化;它是一段漫長且複雜的過程的最後階段。分析這個轉變過程的邏輯步驟,不只在歷史

上很重要，對於今天公共政策的形成也很重要。這個過程的每一個階段，都是一波又一波的政府干預行動造成的。

在市場上，商品因不同的用途而有不同的外形出現，黃金或白銀在自由市場上也是如此。加工過的黃金，基本的外形就是「金塊」（gold bullion），在很大額的交易時可能會用「金錠」（ingot）或「金條」（bars）。對於較小額以及日常的交易，黃金會被分成較小的小塊、金幣，稍微摻入其他物質做成合金加強硬度，以避免磨損（有考慮在最後的重量內）。此處必須要了解的是，所有形態的黃金都是貨幣，因為黃金是以重量作交易的。黃金飾品除了是裝飾品之外，本身也是貨幣，可以用來交易，只是它的形狀不方便用來交易，可能會被熔回金塊形狀，再拿來當作貨幣。在黃金礦區的城鎮上，即使是袋裝的金粉也可以用來交易。當然，要將黃金從一種形狀轉變成另一種形狀，是需要花費資源的，因此在市場上，金幣的價值高於等重的黃金條塊，因為要將黃金條塊鑄造成金幣的成本，通常高於將金幣熔回黃金條塊的成本。

國家對市場上的貨幣，最初也是最關鍵的干預行動，就是國家拿下了鑄幣的強制獨占權，包括從條塊轉型成硬幣的加工過程。鑄幣國家化的藉口是，私人的鑄幣廠可能會在硬幣的重量和成分上欺騙大眾。很奇怪，幾乎每個經濟學家都

接受了這個藉口。當我們考慮到長期以來政府降低貨幣成色以及實施貨幣本位制的紀錄，這個論點聽來就格外令人心虛。但是除此之外，我們也確實知道，私人企業一直都有能力幾近無限量地供給高精確標準的產品；然而卻沒有人主張要將工具機產業或電子產業國家化，以維護這些產品的品質標準。同時也沒有人會因為有些人可能在製作契約時造假，而要廢止全部的契約。對於詐欺行為，合宜的補救做法當然是以一般的法律來保護財產權。

反對私人鑄幣的標準論點是，鑄幣事業是以一套特有的神祕法則——格雷欣法則（Gresham's Law）——在運作的，也就是「劣幣驅逐良幣」，但在其他的競爭領域，則是好產品驅逐壞產品。但是米塞斯很聰明地指出，格雷欣法則的形成是一項誤解，這項法則是政府施行價格控制常會發生的影響之一：以這個例子來說，政府人為地固定住兩種或更多種貨幣之間的匯率，使得被人為低估的貨幣發生短缺，而被高估的貨幣則有剩餘。因而，格雷欣法則是政府干預的法則，而不是自由市場的法則。

政府將鑄幣事業國家化，以許多方式傷害了自由市場及貨幣體制。一項被忽略掉的重點是，政府鑄幣也和其他所有政府的運作有同樣的弊病、不效率以及對消費者專橫。由於

硬幣在日常交易中是很方便的貨幣形狀，國家命令只做 X、Y、Z 幾種面額的硬幣，以一致化取代了市場的多樣化，造成消費者效用的損失。同時也開啟了漫長的崩潰過程，從強調重量淪落到強調名稱（或謊言）。簡而言之，在私人鑄幣的情況下，會有很多種面額，符合消費者所要的種類。私人戳記可能保證的是成色，而非重量，而硬幣會以重量流通。但是如果政府規定只有幾種面額，那麼重量就會逐漸被忽略，硬幣的名稱會愈來愈受重視。舉例來說，如何處理老舊磨損的硬幣，這個問題困擾了歐洲數個世紀之久。如果一枚 30 公克的硬幣現在磨損到只剩 25 公克，最簡單的方式是這枚硬幣不再以舊的、誤導的 30 公克流通，而是以新的、正確的 25 公克流通。但國家在新的硬幣上戳記為 30 公克，成為這個簡單的解決方式無法克服的障礙。此外，因為國家命令說新的硬幣和舊的硬幣是相同的，根據格雷欣法則，新硬幣會被貯藏起來，只有舊硬幣在市面流通，造成更多硬幣縮水情形。

　　硬幣上的皇家戳記，所強調的重點也逐漸從重量轉變成謊言，以國家「主權」的神秘徽飾偽裝了硬幣。曾經有過好幾個世紀，外國黃金及白銀硬幣在任何地方都能流通，不會被認為是恥辱；貨幣國家主義在當時還未成熟。十九世紀的

前二十五年，美國幾乎只使用外國硬幣。但是，外國硬幣逐漸地變成不合法了，民族國家的貨幣名稱變成有很大的象徵意義。

經過幾個世紀的硬幣縮水，大家對貨幣作為重量單位的信心大為喪失。任何重量標準都只有一個重點：必須是永恆不變的。國際計量儀必須永遠是國際計量儀。但是國家統治者，利用他們的鑄幣獨占權，為了自己的經濟利益操控貨幣重量。就好像國家是個龐大的倉庫，已經從客戶那　接納了許多磅的銅或其他商品，然後，當客戶要來拿回貨物時，倉庫管理人突然宣布，從現在開始一磅等於12盎司，不再是16盎司，它只支付四分之三的銅，其餘的四分之一就據為己有。不用說大家都想得到，任何私人機構做出這種事，都會立刻被指控是犯罪。

五、從「重量」到「名稱」：鼓勵銀行膨脹

政府本來就有膨脹的傾向。這個說法會嚇到一些人：那些習慣將政府視為一個委員會，一個熱心管理整個國家福利的委員會的人。不過，我仍然認為這樣的說法是真的。理由很明顯。就像我之前已提過的，在市場上要取得貨幣，必須

先生產商品或勞務，然後以這些商品去交易買入貨幣。但是
，還有一個方法可以取得貨幣──不用生產創造，就自己創
造貨幣──那就是偽造貨幣（counterfeiting）。創造貨幣和生
產商品比起來，成本低得多，因此政府靠著愈來愈嚴密的貨
幣創造獨占權，有了一個簡單的途徑，可以用來圖利自己的
成員和所偏好的支持者。和租稅手段相比，這是更誘人且比
較不會引起騷動的路線；租稅手段可能會遭到公開的反對。
相反地，創造貨幣對那些創造的人和最先拿到的人，有公開
且明顯的好處；而加在社會其他人身上的損失，則能躲過外
行觀察者的視線。政府的這個傾向，會使政府排除所有由經
濟學家及財經作家提出的發行及穩定紙鈔供給的所有計畫。

　　當國家仍是金幣本位（specie standard，譯註：盛行於十九
世紀末到二十世紀初的資本主義國家）時，銀行券（bank notes）
及政府紙鈔是可以兌換金幣的。它們是貨幣的替代品，本質
上是黃金的「倉單」（warehouse receipts，倉庫提貨單），可
以應要求以票面金額拿回黃金。然而，很快地，倉單的發行
額就會超過百分之百的黃金準備。政府又不斷地盡力宣導、
鼓勵及擴大流通銀行及政府的紙幣，勸阻人民使用黃金。每
一家銀行在創造貨幣上都有兩個監督機制：非客戶（指的是
其他銀行的客戶，或是希望使用本位貨幣的客戶）要求兌換

金幣的權利；以及當客戶對銀行喪失信心時，可能會引發「擠兌」。這些限制在「自由銀行體系」中是很嚴謹的，然而政府不斷運作以放寬這些限制。在「自由銀行體系」中，銀行可以自由從事想做的事，只要他們能夠即時兌現，負起支付金幣的義務。但是政府創造了一個中央銀行（central bank）來擴大整個國家的限制，允許所有的銀行，在政府的指導之下，一起膨脹通貨。他們嘗試向銀行擔保，政府不會讓銀行倒閉，使用的方式有：創造一個方便的教條，例如中央銀行是「最後貸款者」（lender of last resort）或銀行的儲備；或是像在美國，就很簡單地「中止支付金幣」，也就是在銀行拒絕兌現支付金幣的契約義務時，允許銀行繼續營運。

另一個政府使用了許多年的手段是，說服大眾在日常交易時不要使用黃金；它還嘲笑這樣的做法是落伍的，不適合現代的世界。不信任銀行的鄉巴佬變成大家嘲弄的對象。用這樣的方法，黃金就愈來愈被鎖在銀行　面，只用於非常大額的交易；使得大蕭條期間要脫離黃金本位制就容易許多，因為那時大眾被說服，只有少數自私、反社會及不愛國的黃金囤積者會受到傷害。事實上，早在「1819年大恐慌」（the Panic of 1819）時代就流傳一個觀念：想要將銀行券兌現回金幣（也就是贖回自己的財產）的人，是想要搞垮銀行和整

個經濟的破壞份子。因此，到了1930年代，很容易就能指控儲藏黃金的人是叛國賊。

因此，靠著設立中央銀行、中止金幣支付、鼓勵大眾在日常交易時從使用黃金轉而使用紙鈔或銀行存款，政府以這些方式建構了通貨膨脹，也就是替代貨幣與黃金存量相比，比率更為擴大（也就是，黃金的贖回請求權債務相對於黃金存量，比率大為增加）。簡而言之，到了1930年代，發生第一次嚴重衰退或是銀行擠兌潮時，黃金本位──一個岌岌可危的黃金基礎支撐著不斷擴大的貨幣請求權──已經準備要崩潰了。

六、百分之百黃金本位制

大部分還在主張回歸黃金本位的經濟學家，代表人物為史帕爾（Walter E. Spahr）及他在「經濟學家的貨幣政策全國委員會」（Economists' National Committee on Monetary Policy）的同事，他們在本質上相信1933年之前舊的黃金本位制，是一套所有細節都完好且可實行的機制，在1933年放棄黃金本位是單一的惡行，只需要撤銷它，就可以在健全的基礎上重新建立我們的貨幣體制。我本身與這些經濟學家根

本上的差異就在這 。我是將1933年看作是一連串失敗行動的最後一個環節；在我看來很明顯，1920年代的黃金本位是糟糕到隨時會崩潰的。回歸到這樣的黃金本位制，雖然優於目前的制度，也只是為下一次的崩潰鋪路而已——到那時候，我怕黃金將不會再有機會了。雖然轉型期間會更加困難，但回到一個比以前強固、可行的黃金本位制，對這個制度本身更有利，同時也對國家長期的經濟體質更好。

我敢說，我的讀者接受太多芝加哥學派（Chicago School）學說的薰陶，「百分之百準備的銀行體制」這概念會使他們大為震驚。當然，這個主題應該要有更大的空間，此處我並不多做詳述。我只能說，對於百分之百準備的制度，我的立場與芝加哥學派強調的重點大不相同。芝加哥學派基本上將百分之百貨幣視為一種技術——是政府操控貨幣供給的一個有用且有效率的工具，而且在銀行體系內不會產生時間落差或爭議。我主張百分之百準備銀行制的理由，更深入整個自由市場及財產權制度的核心。以我的觀點，發行超過手上貨品數量的提領保證，就是詐騙，應該由司法來處理。因為這表示一家銀行發行「假的」倉單——例如，金庫 實際上沒有那麼多的黃金數量的倉單。這在法律上是偽造；這就是不須生產的貨幣創造，為的是競奪生產者產出的資源。簡而言

之，我相信「部分準備銀行制」（fractional-reserve banking）
對道德和對市場經濟的基礎及制度，都是有害的。

　　我很熟悉「部分準備銀行制」的許多支持論點。有一種
論點認為這純粹是經濟性的：銀行以百分之百準備開始，後
來他們很聰明地察覺，這些請求權中只有一定比率的數額會
被贖兌回去，所以他們借出黃金賺取利潤，或發行黃金的「
偽倉單」（pseudo-warehouse receipts，以銀行券或銀行存款
的形式），然後借出去。這些銀行具有精明企業家的特質。
但是，盜用公款的人將公司的錢拿去投資自己的事業，不也
是同樣的精明嗎？就像銀行家一樣，他看到了用別人的資產
賺取利潤的機會。假設，盜用公款的人知道稽核會在6月1
日來檢查帳目；他也完全打算要在那天之前返還這些「借款」
。我們假設他也做到了；那麼，是不是真的沒有人損失，而
每個人都是贏家呢？我對此有質疑；偷竊行為已然發生，那
名竊賊應該要被起訴，不可寬恕。請大家注意，支持部分準
備銀行制的人假設只有在每個人都決定要贖兌財產的情況下
，事情才會出錯，而那種情況是不會發生的。但是我堅決主
張，錯事──竊盜──是發生在盜用者拿走錢的那個時間點
，而不是在後來他「借款行為」被發現的時間點。

　　還有另一種論點，主張銀行券和銀行存款可以應要求贖

兌的這個事實，只是一種偶然；這些純粹是信用交易（credit transaction）。存款人或銀行券的持有人，只是將錢借給銀行，銀行成為他們的代理人，引導那些錢到企業廠商那　。所以，為什麼要壓抑這種有生產力的信用呢？然而，米塞斯曾經說明過，「信用交易」和「請求權交易」（claim transaction）之間的關鍵差別：「信用」意味著貸方以目前商品（貨幣）交換購買「未來商品」；貸方放棄目前商品換得一張「借條」（IOU），未來可以取得一項商品。但是「請求權」（claim）──銀行券或存款是對貨幣的請求權──並不意味貸方放棄任何的目前商品。相反地，銀行券的持有人或存款人仍然保有他的貨幣（目前商品），因為他對它有請求權，藉由提示「倉單」，他可以在任何想要的時候贖兌。這就是這個問題的癥結，這也是為什麼部分準備銀行制會創造出新的貨幣，而其他的信用機構不會──因為，貨幣的倉單或請求權，在市場上的運作就相當於本位貨幣本身。

有人堅信大部分的銀行存款是真的儲蓄基金，自願留給銀行去幫儲蓄者做投資，不只是放著當作貨幣性的現金餘額。對於這些人，我想提出這個質疑：如果你認為這是真的，那你為何不同意變動銀行業務的架構，將這些存款改成各種到期日的債券呢？將無擔保的存款轉變為債券，當然意味著

　　貨幣供給的大幅下降；但是如果這些存款只是另一種形式的信用，那麼存款人不應該反對，而我們支持百分之百準備的理論家將會很滿意。此外，購買債券將是現有貨幣的真正儲蓄與投資，而不是貨幣供給不合理的增加。

　　總而言之，我所呼籲的是，要修法將銀行券和存款還原成它們在經濟及社會上的真實樣貌：也就是對於本位貨幣的倉單請求權——簡而言之，就是承認銀行券的持有人和存款人是銀行金庫內黃金的法定所有人（或者，在強制貨幣本位制〔fiat standard〕下，為紙鈔的法定所有人）。現行法律中被當作是「債務」的存款，應該當作是「委託」（bailment）才對。在一般的法律原理中，這不是一個劇烈的變動，因為現在就是將倉單視為「委託」。「銀行」在銀行券及存款關係上，就視為「貨幣倉庫」。

　　史帕爾教授常常用「橋樑」的比喻，為「部分準備銀行制」辯護。橋樑的建造人估算每天大約有多少人會使用它，以此作為基準來建造橋樑，而並不打算容納這個城市　的所有人，因為不可能全部的人都同時決定要越過這座橋。但是，這項比喻最關鍵的謬誤在於，居民並沒有隨時可以跨越這座橋的法定請求權。（如果這座橋是私人企業擁有的，這將會更淺顯明白。）另一方面，持有貨幣替代品的人，最強調

的就是擁有法定的請求權，可以在他們選擇要贖兌的時間，拿回自己的財產。因此，部分準備銀行制必定是詐欺，因為銀行不可能同時滿足所有的人。

對於那些要美元可以兌換回黃金，而又對於1933年之前的本位制很滿意的人，我們可以引用阿瑪薩‧沃克（Amasa Walker）的分析，他是一個世紀前美國最偉大的經濟學家之一：「以金幣作為支付的這些（部分準備）銀行券，這類的通貨實際上可以轉換成貨幣，而且也相當於貨幣；但是，超過金幣的信用部分，只是支付貨幣的承諾，則是不可轉換的。混合的（部分準備制）通貨，因而只能被看作是部分可轉換的；可轉換的程度決定於，金幣承擔已發行銀行券和存款的比率。」

對一個自由企業的信仰者，一套「自由銀行制」系統毫無疑問地有許多吸引人的特點。不只看起來最符合一般的自由企業體制，同時米塞斯和其他人也說明過，自由銀行制的結果，將不會發生如普拉德宏（Proudhoun）、史普納（Spooner）、格林（Greene）及穆蘭（Meulen）這些自由銀行制的烏托邦死忠派所宣稱的無限制的貨幣供給；自由銀行制將會比一個中央銀行控制所有銀行的現行制度更「實在」（harder）且更健全。在實務上，自由銀行制因此會比現有的

制度,更接近百分之百準備的理想。然而,如果有人說「銀行業務的自由貿易就是詐騙行當的自由貿易」,那麼最穩當的做法,肯定是將銀行業務中的欺詐行為一併去除。米塞斯反對百分之百黃金本位制的唯一論點是,這將會成為政府管制銀行業的惡例。但是如果部分準備銀行制是騙人的,那麼可以宣布它是不合法的,這不是政府以行政干預貨幣體制,而是對暴力及詐騙行為的一般性法律禁令。若是能做到禁止詐騙行為,則我所倡議的銀行制度改革,將能讓民營銀行完全自由。

七、反對百分之百黃金本位的論點

有一些反對百分之百銀行制,尤其是反對百分之百黃金通貨制的標準說法出現了。一個被普遍接受的反對意見,它反對的是任何形式的百分之百銀行制:在百分之百準備的情況下,銀行將無法持續獲利。這點我覺得特別無法理解:因為我看不出有任何理由,銀行不能以其服務向客戶收取費用,其他有用的行業都這樣做的。這個反對論點似乎指向銀行應該有龐大的利潤;而如果銀行的利潤真有那麼多,那麼客戶顯然是願意為銀行的服務付費的,就像他們付錢買旅行支票一樣。如果他們不願像付費給其他對他們有用的產業那樣

地付費給銀行,那就表示銀行的服務是被過於高估了。總之,為何銀行業不該像其他產業一樣,在自由市場上冒險?這實在是沒道理的事。

反對百分之百黃金本位的最主要說法是,這將會使國家經濟無法有適當的貨幣供給。有些經濟學家主張貨幣供給應該長期逐漸增加,以符合一些準則,像是人口成長、交易數量成長之類;其他經濟學家則希望貨幣供給是能夠調整的,以維持一個穩定及固定的物價水準。當然,在這兩種情況中,只能由政府來做調整和操控的工作。但是這些經濟學家並未完全吸收古典經濟學中重要的貨幣觀念:貨幣供給根本就不重要。貨幣的功能只是作為交易的媒介;因此貨幣供給的任何變化,都只會改變貨幣單位的「購買力」,也就是,每一單位貨幣能夠買到的其他商品的數量。貨幣供給的增加,僅僅代表更多單位的貨幣在做交易的工作,因此每一單位的購買力就會下降。由於這項調整不同於所有其他應用在生產或消費上的有用商品,所以當貨幣的供給增加時,不會帶來社會利益。事實上,若是開採出更多黃金,唯一有用處的一點是,大量的黃金供給能夠滿足更多的黃金商品的非貨幣性用途。

因此,從來就不需要更多的貨幣供給(除了黃金或白銀

的非貨幣性用途之外）。貨幣供給增加只是嘉惠一個階層的
人，犧牲了另一個階層的人，就像我們看到的，當政府或銀
行膨脹貨幣供給時發生的狀況。而這也正是我的改革提案所
要消除的。此外，不可能有貨幣「短缺」這種事，因為市場
早已建立且持續使用黃金或白銀作為貨幣性商品，這個事實
顯示，有足夠的數量可以用來作為交易的媒介。

　　因此，就貨幣供給而言，人口數量、交易量及其他所謂
的準則，都是武斷及不相關的。至於「平穩的物價水準」這
個理想，除了如何制定適當指數這個重大缺點之外，大家還
常常忽略兩個重點：首先，「平穩的物價水準」這個理想是
有待討論的。我們前面已指出，「囤積」總是受到大家的攻
擊；然而在市場上，這是可以自由表達而且是大家會想要做
的行為。人們常常希望增加其現金餘額（cash balance）的實
質價值，或提高每一塊錢的購買力。為什麼人們希望這麼做
，有許多的理由。但，為什麼他們不應該有這個權利，如同
他們在自由市場上有的其他權利？只有透過「囤積」貨幣造
成物價下跌，也就是靠著對現金餘額的需求增加，因而壓低
了物價，美元才能呈現較高的實質價值。因此我看不出有任
何理由，政府操控者可以剝奪消費大眾這項權利。第二點，
如果人們真的非常希望有「穩定的物價水準」，他們會在談

判所有的契約時,把同意的物價指數考慮進去。然而這類自願性的「表列標準」很少被採用,正足以證明「穩定物價」的提倡者,想要以政府的強制手段來實現自己的野心。

大家常常說,貨幣應該要作為「衡量的標準」,因此它的價值應該要被穩定住,固定住。然而,應該永遠固定住的,不是它的「價值」,而是它的「重量」。它的價值,與其他的價值一樣,應該留給每一位消費者去判斷、估計、以及做最終的決定。

八、伊格教授與百分之百黃金本位制

近年來對於百分之百黃金本位制最重要的論述之一是出自伊格(Leland Yeager)教授。雖然實際上,伊格教授是處於相反立場的自由波動強制貨幣的擁護者,但他承認「百分之百黃金本位制」大大地優於1933年前的黃金本位制。他對先前的黃金本位制主要的反對理由是它有個弱點:當金幣流出海外而威脅到國內銀行準備,迫使經濟緊縮時,政府當局必須面對大幅且突然的通貨緊縮及種種困難。而在「百分之百黃金本位制」,伊格承認這些問題都不存在:

在百分之百強勢貨幣國際黃金本位制下,每個國家

的通貨只有黃金（或黃金加上有黃金完全支持的倉單
——紙鈔及代幣〔token coin〕）。政府及其代理機構將不
用擔心他們的準備金流出。絕不會因為要求將紙鈔兌回
黃金的行動，而使金庫出現困窘，因為流通中每一元紙
鈔貨幣都代表在金庫中真正存在的一元黃金。也將沒有
單獨的國家貨幣政策這種東西；每個國家中的貨幣數量
將由市場力量決定。全球黃金供給在各國之間的分配，
決定於各國人民對現金餘額的需求。不會發生有些國家
鬧黃金荒，有些國家黃金堆積如山的情況，因為每個人
會小心，不讓自己的現金餘額縮水或膨脹到一個他認為
不符合自己收入及財富的程度。

在百分之百黃金本位制下……各國將有一套共同的
貨幣體制，正如同現在的美國各州有一套共同的貨幣體
制一樣。擔心有哪一個國家的國際收支會不平衡，就如
同擔心紐約市的收支會不平衡一樣。如果每一個人（及
機構）小心避免自己的個人收支不要長期不平衡，那就
足夠了。……將他們的現金餘額保持在適當的水位將「
自動地」照顧到每個國家貨幣供給的適當性。

伊格指出，國家準備、通貨緊縮及其他問題，都是因為
「部分準備」性質的黃金本位制，而不是黃金本身。「怪罪

於黃金本位制的種種困難中,大部分困難的真正源頭在於『國家部分準備制』(national fractional reserve systems)。」因為部分準備制,個人的行動不再能夠自動保證黃金供給的適當分配。

困難會發生,是因為混合的國家通貨——通貨大部分是紙鈔,只有部分是黃金——不足以擔任國際性貨幣。歷史上的黃金本位制主要的缺點是,必須「保護」國家的黃金準備。

中央銀行制及其管理只會讓事情變得更糟:

簡而言之,無論中央銀行是擴大了黃金外流的效果、在黃金外流這件事是被動的、或「抵銷」了黃金外流,它的運作功能都違反了完整的黃金本位制的原理……。任何型態的貨幣管理都違反純粹黃金本位制的原理。

既然伊格對於百分之百黃金本位制有如此具說服力的敘述,為什麼他會拒絕黃金本位制,反而提倡自由浮動的強制貨幣制呢?主要是因為,各國政府只有採用強制貨幣制,才能在經濟衰退期間穩定本國的物價水準。此刻我無法暫停去討論物價穩定政策,我認為這類政策是謬誤且會帶來災難的。我只能指出,與伊格教授的看法完全相反地,物價下跌與

匯率貶值，並不是單純的「非A即B」選項。相信了這種說法，就是屈服於致命的方法論上的整體主義（holism），及放棄方法論上的個別主義（individualism）。舉例而言，如果某個地區雖然物價已經下跌了，鋼鐵工會堅持維持高工資，造成鋼鐵工人失業，我認為用強迫該地區所有的消費者承受高進口物價（因該地區匯率下跌所致）來補救這個問題，是絕對無效，而且不公平的，因其造成生產資源的錯誤配置及扭曲。

　　每一位貨幣中央集權論者及國家主義者，都未能面對的一個問題是，每種貨幣的地理疆界。如果應該有波動的國家強制貨幣，「國家」的疆界又該是什麼？政治上的邊界肯定是沒有什麼經濟意義的。伊格教授很有勇氣地承認這一點，並且經由主張（或至少是考慮到），一國內的每個區域或甚至每個地方都使用不同的貨幣，幾乎會把強制貨幣回推到荒謬的程度。

　　然而，伊格沒能回推得夠遠。就邏輯上而言，自由波動強制貨幣制的最終點，是全部的每個個人都發行各自的貨幣。我們已經知道在自由市場上這是不可能發生的。但是假設這是因為目前制度的推動，或經由其他方式而產生的。那麼又會如何呢？那麼世界會是一團混亂，「羅斯巴德」、「伊

格」、「瓊斯」及其他數十億的個人通貨，在市場上自由地
波動著。如果有經濟學家致力於深入分析這樣的世界會是什
麼景象，我想會很有教育性。我想應該可以這樣說，世界會
回到一種非常複雜且混亂的「以物易物」型態，而貿易會減
少到停滯的程度。因為不再有任何種類的貨幣性的交易媒介
。每種不同的交易都需要不同的「貨幣」。事實上，因為貨
幣表示交易的一種通用媒介，這樣是否仍然適用貨幣的概念
，很值得懷疑。能夠確定的是，因為沒有了共同的記帳單位
，貨幣提供的經濟計算功能及價格體系將必須停止了。這是
對強制貨幣各種提案的一個嚴重且不牽強的評論，因為它們
將這個混亂因素帶進了世界經濟中。簡而言之，波動的強制
貨幣制崩解了貨幣本身特有的功能。如果每個人有他自己的
貨幣，就完全不需要貨幣的存在了；但國家性的強制貨幣（
更別提區域性和地方性）已經部分崩解了貨幣媒介。它們牴
觸了貨幣性功能的本質。

最後，伊格教授懷疑為何像米塞斯、海耶克（Hayek）
及羅賓斯（Robbins）等「正統的自由主義者」（orthodox
liberals）會堅持黃金本位制的「貨幣國際主義」（monetary
internationalism）。不是我擅自替他們發言，我想答案可以分
成兩部分：（1）因為他們喜歡貨幣自由甚於政府對貨幣的管

理及操控，以及（2）因為相較於「以物易物」，他們比較喜歡有貨幣的存在──因為他們相信貨幣是現代市場經濟，當然也是文明本身最偉大、最重大的特色。貨幣愈是普及，源自市場經濟的商品及服務的區域間貿易，以及分工的規模也就愈大。因此，貨幣性媒介對自由市場是不可缺少的，這個貨幣的使用愈廣泛，市場就愈大，且能運作得愈好。簡而言之，真正的貿易自由必須要有一個國際性的商品貨幣──如同最近幾個世紀的市場經濟歷史所顯示的──黃金和白銀。中央集權主義的強制貨幣，對這樣國際性媒介的任何破壞，必將嚴重削弱及崩解自由市場，且掠奪該市場的許多成果。最後，問題很清楚：我們要不就回歸黃金本位，否則就追隨強制貨幣的道路回歸以物易物。這樣說也許並不誇張：文明本身的前途繫於我們的決定。

九、百分之百黃金本位的傳統

百分之百黃金本位是唯一完全符合自由市場及不會有任何的強制或欺騙，同時也是最健全的貨幣體制，因此，我支持擁護它。這是唯一符合對財產權最完整保護的制度。它也是唯一能確保通貨膨脹及景氣循環不再出現的制度。同時，它也是唯一的一種黃金本位制，可以完全符合道格拉斯小組

委員會（Douglas subcommittee， 1950年時的美國國會經濟報告中的「貨幣、信用與金融政策小組委員會」）反對回歸黃金本位的論調：

> 對於自由使用金幣的一個反對理由是，沒有一個政府〔或銀行？〕可以承諾……無法做到的事，如果需求上升的話。超過一個世紀的貨幣體制……擴張的速度已經快過黃金增加所能容許的。

雖然在今天這個時代，這毫無疑問是個「激進的」計畫，我認為有必要簡短地說明，這個計畫確實屬於一個偉大的傳統：不只是古典經濟學家和通貨學派（currency school）的經濟傳統，也是傑弗遜派（Jeffersonians）及傑克森派（Jacksonians）的美國政治傳統。本質上，這是他們的計畫。在這　應該提一件事，除了威廉・格雷厄姆・薩姆納（William Graham Sumner）與約瑟夫・朵夫曼（Joseph Dorfman）這兩位有名的例外，幾乎所有的歷史學家都誤認為傑弗遜派與傑克森派是經濟文盲（economically ignorant）及反資本主義的平均地權論者（agrarians），而且抨擊他們不了解信用制度。無論你是否同意他們的立場，傑弗遜及傑克森是以全面且深入的古典經濟學知識在寫作的，而且完全贊同資本主義及自由市場，他們相信，部分準備銀行制阻礙了

而非協助了資本主義及自由市場。事實上，我們幾乎可以說，這些美國人是勇敢的通貨學派成員，但沒有他們重實際的英國表兄弟對英格蘭銀行（Bank of England）幾近盲目的支持。的確，通貨原理在美國被宣揚，比英國要早上好幾年。通貨原理在美國的創始人如洛吉特（Condy Raguet），了解一件事是那些崇高的英國人不幸未能看到的：銀行存款正如銀行券一樣是完全的貨幣替代品，因此是廣義貨幣供給的一部分。

南北戰爭之後，強勢貨幣經濟學家忙著處理新綠鈔與自由白銀的問題，百分之百黃金本位的概念不再受到注意。然而即使是阿瑪薩·沃克（Amasa Walker）將軍1860年代的著作，在聰明才智上也不如波士頓商人查爾斯·卡洛爾（Charles H. Carroll）傑出但被忽略的文章，他主張對銀行存款及銀行券採取百分之百黃金準備，也呼籲將「美元」這個名稱，以黃金盎司或黃金公克取代。還有一位完全被歷史學家忽略的「美國黃金檢定辦公室」（United States Assay Office）官員以賽亞·席維斯特（Isaiah W. Sylvester），主張百分之百美元及平行本位制。就我所知，本世紀唯一主張百分之百黃金本位的經濟學家是愛爾金·葛羅斯克羅斯（Elgin Groseclose）博士。

十、未來的路

決定回歸百分之百黃金本位之後，我們面臨如何去做的問題。達到目標前的過渡期，毫無疑問是艱難的。但是一旦過渡期結束了，我們會非常滿意於擁有人類所知的最佳貨幣制度，以及消除了通貨膨脹、景氣循環、人們犧牲生產者取得貨幣的不經濟及不道德做法。由於我們擁有的美元數量，遠超過目前美元固定重量下的黃金美元數量，通往百分之百黃金美元制的路，只有兩個完全相反的選擇：強制將美元供給量緊縮到現值的黃金存量；或是將黃金價格提升（降低美元的重量定義）到黃金美元總存量百分之百等於社會上的美元總供給。或是我們可以選擇這兩種途徑的混合。

史帕爾教授及其同事，希望以目前每盎司35美元的「價格」，回歸到黃金本位（雖然不到百分之百黃金準備），並強調固定美元重量的重要性。如果這些是在1933年之前，而且我們仍然是黃金本位制，即使是不完美的黃金本位制，我也會毫不猶疑地同意。美元固定重量的原則，及最重要的契約神聖性原則，是我們整個私有財產制不可或缺的，因此通貨緊縮的痛苦是值得的。除此之外，我們長久以來把通貨緊縮塑造成怪物，忽略掉通貨緊縮淨化了景氣繁榮期的胡亂投資

，還有受到通貨膨脹數十年侵蝕的固定收入族群，因為大幅物價下降可以讓他們得到逾期已久的補助。急遽的通貨緊縮，也有助於打破獨占性工會主義（unionism）的強力聯合，而工會聯合對市場經濟的破壞性是相當大的。無論如何，當通貨緊縮很嚴重的時候，人們會希望將目前持有的現金大部分都儲蓄起來，他們會以購買銀行債券的方式代替存款，增加自願性儲蓄，因而促進「經濟成長」並減輕通貨緊縮的嚴重性。

另一方面，並不存在特定的理由要堅持目前的35美元價位，因為「黃金本位」的存在及美元的定義，只對於外國政府和外國的中央銀行適用；對人民來說，現在就是強制貨幣本位制。因此，我們可以將「改變美元定義」當作是回歸完全黃金本位的預備步驟，這麼做我們將不會妨礙到固定美元價位的原則。由於任何重量的定義，其「初始」的定義純然是武斷決定的，而現在我們非常接近的是強制貨幣本位制，因此我們可以將新本位制度中的任何美元價位，當作是一個初始的定義。

這還要看我們如何定義貨幣供給──我會將它很廣泛地定義為「以固定票面價值對於美元的所有請求權」──則黃金價格要上漲到足以讓黃金存量等於百分之百美元總量，它

必須上漲十到二十倍。這當然會給黃金採礦者帶來巨大的意外收益,但這與我們無關。我不相信我們會只是因為豎琴和天使翅膀的製造商會享有意外的收益,而拒絕大開天堂之門的提議。但是真正要擔心的是,這樣的改變會帶來許多年的黃金採礦熱潮,及以國際貿易的方式造成的干擾。

要採取哪個路徑,或是兩種路徑要怎麼混合,是經濟學家要仔細研究的事。很顯然,這項迫切需要的研究做得很少,或甚至是沒有。因此,我在此不提出詳細的藍圖。我想看看所有已經被說服應採行百分之百黃金本位的人,參與研究在目前的情況下要達到這樣的目標,可採取的最好途徑。大體而言,大家想要的計畫可以總結如下:

1. 要達成百分之百黃金美元制,方法是將美元緊縮到每盎司35美元計價的黃金總量;或是讓黃金價格高到足以使黃金存量百分之百等於美元供給量,重新評估美元的價值;或是兩種方法的混合。

2. 將政府手中的黃金存量轉到銀行及人民的手中,配套措施是清算解散聯邦準備制度,以及對所有即期請求權要求百分之百的法定準備。

3. 所有票券發行的功能,從財政部及聯準會移轉到私人銀

行。簡而言之,容許所有銀行依照客戶的意願發行存款及銀行券。

4.　白銀條塊及代表它的銀票(現在是由銀行發行)與黃金的任何固定價格予以解除。簡而言之,白銀盎司及其倉單,將會在市場上以黃金或美元計算的價格跟其他商品一樣自由波動,因此我們有「平行的」黃金及白銀貨幣,然而作為計帳單位的主要貨幣應該還是黃金美元。

5.　最後消除「美元」這個名詞,只使用重量名詞像是「黃金公克」或「黃金盎司」。終極目標是,各國以百分之百的各國通貨回歸黃金本位制,之後所有這些國家通貨混合進一個統一的全世界的黃金公克單位。這是十九世紀末期未能成功的國際貨幣聯盟考慮的目標之一。在這樣的世界,除了黃金與白銀之間有交換率外,將沒有其他的匯率,因為各國的通貨名稱都因為只是黃金的重量而放棄使用,全世界的貨幣最後都不受政府干預的控制。

6.　自由的(但想必不是免費的)黃金及白銀私人鑄造權。

在此,我必須與米塞斯及赫茲利特(Henry Hazlitt)對回歸黃金本位的建議做出區隔;他們建議將美元與黃金完全

切割，先建立一個黃金的「自由市場」，然後數年後再看看市場上建立出什麼樣的黃金價格。這樣做的問題是：首先這會切斷了美元與黃金之間最後的一點脆弱的連結，產生完全的強制貨幣。第二，市場將很難是「自由的」，因為全國幾乎所有的黃金都掌握在政府的手上。我認為採取反向的行動很重要。畢竟，聯邦政府在1933年假暫時的緊急狀況之名，沒收掌控了人民的黃金。為了道德和經濟上的理由，盡快允許人民重新收回他們的黃金，這是很重要的。同時由於黃金仍然受到美元的「挾持」，我相信一旦國會被說服，將可以重新建立美元與黃金之間的正式連結及轉換。最後，因為美元只是黃金的重量，嚴格地說，根本不適合建立美元與黃金間的「市場」，就好像一元美鈔與五元美鈔之間有個「市場」一樣。

事實不容否認，這項建議的計畫會使大部分人震驚，認為它是不可能的「激進」與「不切實際」；然而，任何改變現狀的建議，不論改變有多小，總會被某些人認為是太激進，因此要徹底避免被指控不切實際，就是不去主張對現狀做任何的改變。但是採取這個方式，就是放棄人類的理性，就是以動物或植物般的態度，隨波逐流。如同菲爾布魯克（Philbrook）教授在數年前一篇傑出的文章中所說的，我們必

須將我們的政策架構在我們相信是最後的途徑上,然後嘗試
說服其他人這個目標,而不是在我們政策的結論中放進其他
人可能會接受的看法。因為「必須有人」在社會上傳播真理
,對抗政治性的權宜之策。如果學者及有識之士未能這麼做
,如果他們未能發揮說服力遊說他們相信是正確的途徑,他
們就是放棄真理,因此也放棄了他們存在的價值。所有社會
進步的希望也將因此消失,因為沒有人會提出任何新概念,
也沒有人會花力氣去宣揚這些概念的利益。

關於米塞斯研究院

米塞斯研究院（Ludwig von Mises Institute）於 1982 年 10 月成立，是獨特的教育組織，專注於魯德威・米塞斯（Ludwig von Mises）的著作研究，以及宣揚奧地利學派經濟學。該機構的董事會以魯德威・米塞斯的夫人為董事長，羅文林・洛克威（Llewellyn H. Rockwell）為創辦人兼總裁。莫瑞・羅斯巴德教授為米塞斯教授的得意門生，並擔任教學事務副總裁。

六十多年來的教學和寫作生涯中，米塞斯教授重建經濟這門科學，並以個人實際的行為，捍衛自由市場和誠實的貨幣政策。從那時起，馬克思主義者、社會主義者和凱因斯學派即使可以保住他們在政府和大學中的權威地位，但卻在學術論戰中吃足了苦頭。

魯德威・米塞斯將一生奉獻給學術和自由思想。米塞斯

研究院也透過以下許多計畫追求同樣的目標：

- 出版刊物，包括由莫瑞‧羅斯巴德編輯的半年刊《奧地利學派經濟學評論》（*Review of Austrian Economics*）、《自由市場》（*Free Market*）月刊、《奧地利學派經濟學新聞報》（*Austrian Economics Newsletter*）季刊、書籍、專題論文、以及不定期的理論與政策文章。

- 為研究米塞斯的研究生提供研究和助理獎學金。

- 奧福德三世（O. P. Alford, III）奧地利學派經濟學進修中心。

- 設於奧本大學及拉斯維加斯的內華達大學的學術中心。

- 教學計畫與研討會，包括每年在史丹佛舉行的米塞斯大學（Mises University）暑期班。

- 針對黃金本位、聯邦準備制度、租稅、馬克思主義、凱因斯主義、官僚體系、社會主義和魯德威‧米塞斯及莫瑞‧羅斯巴德的著作舉辦大型會議。

- 為「經濟期刊」（Economic Journalism）成立亨利‧赫茲利特基金（Henry Hazlitt Fund）。

- 勞倫斯‧佛提格（Lawrence Fertig）學生中心。

- 在華府從事自由市場和黃金本位的公共政策研究。

　　想獲得更多有關該機構出版品的資訊，請聯絡：The
Ludwig von Mises Institute, 518 West Magnolia Avenue,
Auburn, Alabama 36832。網址 www.mises.org。

索引

E

F

書　號	書　　　名	作　　者	定價
QC1014X	一課經濟學（50週年紀念版）	亨利·赫茲利特	320
QC1016X	致命的均衡：哈佛經濟學家推理系列	馬歇爾·傑逢斯	300
QC1019X	邊際謀殺：哈佛經濟學家推理系列	馬歇爾·傑逢斯	300
QC1020X	奪命曲線：哈佛經濟學家推理系列	馬歇爾·傑逢斯	300
QC1026C	選擇的自由	米爾頓·傅利曼	500
QC1027X	洗錢	橘玲	380
QC1034	通膨、美元、貨幣的一課經濟學	亨利·赫茲利特	280
QC1036X	1929年大崩盤	約翰·高伯瑞	380
QC1039	贏家的詛咒：不理性的行為，如何影響決策（2017年諾貝爾經濟學獎得主作品）	理查·塞勒	450
QC1040	價格的祕密	羅素·羅伯茲	320
QC1043	大到不能倒：金融海嘯內幕真相始末	安德魯·羅斯·索爾金	650
QC1044X	貨幣簡史：你不能不知道的通膨真相	莫瑞·羅斯巴德	350
QC1048X	搶救亞當斯密：一場財富、轉型與道德的思辨之旅	強納森·懷特	400
QC1051	公平賽局：經濟學家與女兒互談經濟學、價值，以及人生意義	史帝文·藍思博	320
QC1052	生個孩子吧：一個經濟學家的真誠建議	布萊恩·卡普蘭	290
QC1055	預測工程師的遊戲：如何應用賽局理論，預測未來，做出最佳決策	布魯斯·布恩諾·德·梅斯奎塔	390
QC1059	如何設計市場機制？：從學生選校、相親配對、拍賣競標，了解最新的實用經濟學	坂井豐貴	320
QC1060	肯恩斯城邦：穿越時空的經濟學之旅	林睿奇	320
QC1061	避稅天堂	橘玲	380
QC1062	平等與效率：最基礎的一堂政治經濟學（40週年紀念增訂版）	亞瑟·歐肯	320
QC1063	我如何在股市賺到200萬美元（經典紀念版）	尼可拉斯·達華斯	320

書　號	書　　　　　名	作　　者	定價
QC1064	**看得見與看不見的經濟效應**：為什麼政府常犯錯、百姓常遭殃？人人都該知道的經濟真相	弗雷德里克·巴斯夏	320
QC1065	**GDP又不能吃**：結合生態學和經濟學，為不斷遭到破壞的環境，做出一點改變	艾瑞克·戴維森	350
QC1066	**百辯經濟學**：為娼妓、皮條客、毒販、吸毒者、誹謗者、偽造貨幣者、高利貸業者、為富不仁的資本家……這些「背德者」辯護	瓦特·布拉克	380
QC1067	**個體經濟學　入門的入門**：看圖就懂！10堂課了解最基本的經濟觀念	坂井豐貴	320
QC1068	**哈佛商學院最受歡迎的7堂總體經濟課**	大衛·莫斯	350
QC1069	**貿易戰爭**：誰獲利？誰受害？解開自由貿易與保護主義的難解之謎	羅素·羅伯茲	340
QC1070	**如何活用行為經濟學**：解讀人性，運用推力，引導人們做出更好的行為，設計出更有效的政策	大竹文雄	360
QC1071	**愛上經濟**：一個談經濟學的愛情故事（暢銷紀念版）	羅素·羅伯茲	340

書　號	書　　　　名	作　　者	定價
QD1001	想像的力量：心智、語言、情感，解開「人」的祕密	松澤哲郎	350
QD1002	一個數學家的嘆息：如何讓孩子好奇、想學習，走進數學的美麗世界	保羅・拉克哈特	250
QD1004	英文寫作的魅力：十大經典準則，人人都能寫出清晰又優雅的文章	約瑟夫・威廉斯、約瑟夫・畢薩普	360
QD1005	這才是數學：從不知道到想知道的探索之旅	保羅・拉克哈特	400
QD1006	阿德勒心理學講義	阿德勒	340
QD1008	服從權威：有多少罪惡，假服從之名而行？	史丹利・米爾格蘭	380
QD1009	口譯人生：在跨文化的交界，窺看世界的精采	長井鞠子	300
QD1010	好老師的課堂上會發生什麼事？——探索優秀教學背後的道理！	伊莉莎白・葛林	380
QD1011	寶塚的經營美學：跨越百年的表演藝術生意經	森下信雄	320
QD1012	西方文明的崩潰：氣候變遷，人類會有怎樣的未來？	娜歐蜜・歐蕾斯柯斯、艾瑞克・康威	280
QD1014	設計的精髓：當理性遇見感性，從科學思考工業設計架構	山中俊治	480
QD1015	時間的形狀：相對論史話	汪潔	380
QD1017	霸凌是什麼：從教室到社會，直視你我的暗黑之心	森田洋司	350
QD1018	編、導、演！眾人追看的韓劇，就是這樣誕生的！：《浪漫滿屋》《他們的世界》導演暢談韓劇製作的祕密	表民秀	360
QD1019	多樣性：認識自己，接納別人，一場社會科學之旅	山口一男	330
QD1020	科學素養：看清問題的本質、分辨真假，學會用科學思考和學習	池內了	330
QD1021	阿德勒心理學講義2：兒童的人格教育	阿德勒	360
QD1023	老大人陪伴指南：青銀相處開心就好，想那麼多幹嘛？	三好春樹	340

經濟新潮社　　〈自由學習系列〉

書　號	書　　　名	作　　者	定價
QD1024	**過度診斷**：我知道「早期發現、早期治療」，但是，我真的有病嗎？	H．吉爾伯特．威爾奇、麗莎．舒華茲、史蒂芬．沃洛辛	380
QD1025	**自我轉變之書**：轉個念，走出困境，發揮自己力量的12堂人生課	羅莎姆．史東．山德爾、班傑明．山德爾	360
QD1026	**教出會獨立思考的小孩**：教你的孩子學會表達「事實」與「邏輯」的能力	苅野進、野村龍一	350
QD1027	**從一到無限大**：科學中的事實與臆測	喬治．加莫夫	480
QD1028	**父母老了，我也老了**：悉心看顧、適度喘息，關懷爸媽的全方位照護指南	米利安．阿蘭森、瑪賽拉．巴克．維納	380
QD1029	**指揮家之心**：為什麼音樂如此動人？指揮家帶你深入音樂表象之下的世界	馬克．維格斯沃	400
QD1030	**關懷的力量**（經典改版）	米爾頓．梅洛夫	300
QD1031	**療癒心傷**：凝視內心黑洞，學習與創傷共存	宮地尚子	380
QD1032	**英文的奧妙**：從拼字、文法、標點符號到髒話，《紐約客》資深編輯的字海探險	瑪莉．諾里斯	380
QD1033	**希望每個孩子都能勇敢哭泣**：情緒教育，才是教養孩子真正的關鍵	大河原 美以	330
QD1034	**容身的地方**：從霸凌的政治學到家人的深淵，日本精神醫學權威中井久夫的觀察手記	中井久夫	340
QD1035	**如何「無所事事」**：一種對注意力經濟的抵抗	珍妮．奧德爾	400
QD1036	**清晰簡明的英文寫作指南**：從正確用詞到刪除贅字，藍燈書屋文稿總監幫助你提升寫作力	班傑明．卓瑞爾	480

國家圖書館出版品預行編目資料

貨幣簡史：你不能不知道的通膨真相／莫瑞‧
羅斯巴德（Murray N. Rothbard）著；陳正芬,
高翠霜譯. -- 二版. -- 臺北市：經濟新潮社
出版：英屬蓋曼群島商家庭傳媒股份有限公
司城邦分公司發行, 2021.11
　　面；　公分. --（經濟趨勢；44）
譯自：What has government done to our money?
ISBN 978-626-95077-2-6（平裝）

1.貨幣　2.貨幣制度　3.通貨膨脹

561　　　　　　　　　　　　　110017685